IN
PRAISE
OF
DARKNESS

JORGE LUIS BORGES

IN PRAISE OF DARKNESS

Translated by
Norman Thomas di Giovanni

A Bilingual Edition

E.P. Dutton & Co., Inc.
New York *1974*

Published simultaneously in Canada by
Clarke, Irwin & Company Limited, Toronto and Vancouver.

Library of Congress Catalog Card Number: 73-79553

ISBN: 0-525-13225-2

Grateful acknowledgment is made to Seymour Lawrence/Delacorte Press, publishers of Jorge Luis Borges' *Selected Poems 1923–1967*, for permission to reprint "The Labyrinth," Copyright © 1969, 1972 by Emecé Editores, S.A., and Norman Thomas di Giovanni.

Parts of this book have appeared in the following places:

The Antioch Review: "His End and His Beginning"

The Atlantic Monthly: "The Labyrinth"

The Columbia Forum: "From an Apocryphal Gospel," " 'Ritter, Tod, und Teufel' " (I & II)

Encounter: "To a Certain Ghost, 1940"

Harper's: "A Reader"

Harper's Bazaar: "The Unending Gift"

The Nation: "Israel 1969"

The New Yorker: "Heraclitus," "The Keeper of the Books," "June 1968," "Cambridge," "Invocation to Joyce," "In Praise of Darkness," "Plain Things," "Israel," "The Anthropologist," "A Prayer," "Legend," "Episode of the Enemy" (the last four collected under the title "Anxieties"), "John I:14," "Acevedo," "Ricardo Güiraldes"

The New York Review of Books: "Pedro Salvadores," "James Joyce"

Nimrod: "New England 1967," "Elsa"

Review 73: "Rubáiyát"

TriQuarterly: "Buenos Aires," "The Gauchos," "May 20, 1928"

Western Humanities Review: "Milonga of Manuel Flores," "Milonga of Calandria"

The preface first appeared in *TriQuarterly*.

Contents

Preface

Without set purpose at the beginning, I have devoted
my now long life to literature; to teaching; to idleness;
to the quiet adventures of conversation; to philology,
of which I know but little; to that mysterious habit
of mine, Buenos Aires; and to those perplexities which,
not without vanity, we call metaphysics. At the same
time, my life has not lacked the friendship that counts,
which is that of a certain few. I don't think I have a
single enemy or, if I have had, they never let me know
it. The truth is that nobody can hurt us except for
those we love. Now, after surmounting three-score and
ten (the words are Whitman's), I have completed my
fifth book of poems.

Carlos Frías, my publisher, has suggested that this
preface might be a fitting place for a statement of my
aesthetic principles. My inner poverty and my will are
against this advice. I lay no claim to any particular
theories. Time has led me to the use of certain devices:
to shun synonyms, which labor under the disadvantage
of suggesting imaginary differences; to shun Hispanisms,
Argentinisms, archaisms, and neologisms; to employ
common words rather than unusual ones; to work into
a story circumstantial details, which readers now insist
on; to feign slight uncertainties, for, although reality
is exact, memory is not; to narrate events (this I got
from Kipling and the Icelandic sagas) as if I did not
wholly understand them; to bear in mind that the rules
I have just set down need not always be followed and
that in time they will have to be changed. Such devices,
or habits, hardly make up a theory of literature. Besides,
I am skeptical of aesthetic theories. They are generally
little more than useless abstractions; varying with each

writer and even with each text, they can be but occasional stimulants or tools.

This, I have said, is my fifth book of poems. It seems safe to predict that it will be no better or worse than the others. To the mirrors, mazes, and swords which my resigned reader already foresees, two new themes have been added: old age and ethics. The latter, as everyone knows, was a constant concern of a certain very dear friend given me by my reading—Robert Louis Stevenson. One of the virtues for which I prefer Protestant countries to Catholic is their regard for ethics. Milton wanted to train the pupils of his academy in a knowledge of physics, mathematics, astronomy, and the natural sciences; Dr. Johnson was to remark a century later that "Prudence and Justice are virtues and excellencies of all times and of all places; we are perpetually moralists, but we are geometricians only by chance."

In the present pages, I believe that the forms of prose and verse coexist without a clash. I could invoke the example of illustrious forerunners—Boethius' *De consolatione,* Chaucer's tales, the Arabian Nights; I would rather say that although the difference between prose and verse seems to me superficial, my wish is that this volume be read as a volume of poems. In itself, a book is not an aesthetic act, it is but a thing among things. The aesthetic act can occur only when the book is written or read.

It is often said that free verse is no more than a typographical sham; I feel an error lurking in this assertion. Beyond its rhythm, the typographical appearance of free verse informs the reader that what lies in store for him is not information or reasoning but emotion. I once strove after the vast breath of the psalms * and of Walt Whitman; after these many years,

* In my original Spanish, I have deliberately written *"psalmos."* The members of the Spanish Royal Academy are out to impose on the Amer-

10

I find (not without a certain sadness) that in all my attempts at free verse I have done little more than go from one classical meter to another—the alexandrine, the eleven-syllable, and the seven-syllable line.

In my *milongas*, I have done my respectful best to imitate the joyous courage of Hilario Ascasubi and of the old-time street ballads of the different neighborhoods of Buenos Aires.

Poetry is no less a mystery than anything else on earth. One or two felicitous lines can hardly stir our vanity, since they are but gifts of Chance or of the Spirit; only the mistakes belong to us. I hope the reader will discover something worthy of his memory in these pages. In this world of ours beauty is quite common.

J. L. B.

Buenos Aires, June 24, 1969

---

ican continent their own phonetic incapacities, inviting us to use such rustic mispronunciations as *"salmos," "neuma," "sicología," "síquico."* Recently, it has occurred to them to write *"vikingo"* instead of *"viking."* I suspect that quite soon we shall be hearing of the writer Kiplingo.

IN
PRAISE
OF
DARKNESS

JUAN, I, 14

No será menos un enigma esta hoja
que las de Mis libros sagrados
ni aquellas otras que repiten
las bocas ignorantes,
creyéndolas de un hombre, no espejos
oscuros del Espíritu.
Yo que soy el Es, el Fue y el Será
vuelvo a condescender al lenguaje,
que es tiempo sucesivo y emblema.

Quien juega con un niño juega con algo
cercano y misterioso;
yo quise jugar con Mis hijos.
Estuve entre ellos con asombro y ternura.
Por obra de una magia
nací curiosamente de un vientre.
Viví hechizado, encarcelado en un cuerpo
y en la humildad de un alma.
Conocí la memoria,
esa moneda que no es nunca la misma.
Conocí la esperanza y el temor,
esos dos rostros del incierto futuro.
Conocí la vigilia, el sueño, los sueños,
la ignorancia, la carne,
los torpes laberintos de la razón,
la amistad de los hombres,
la misteriosa devoción de los perros.
Fui amado, comprendido, alabado y pendí de una cruz.
Bebí la copa hasta las heces.
Vi por Mis ojos lo que nunca había visto:
la noche y sus estrellas.
Conocí lo pulido, lo arenoso, lo desparejo, lo áspero,

JOHN I:14

This page will be no less a riddle
than those of My holy books
or those others repeated
by ignorant mouths
believing them the handiwork of a man,
not the Spirit's dark mirrors.
I who am the Was, the Is, and the Is To Come
again condescend to the written word,
which is time in succession and no more than an emblem.

Who plays with a child plays with something
near and mysterious;
wanting once to play with My children,
I stood among them with awe and tenderness.
I was born of a womb
by an act of magic.
I lived under a spell, imprisoned in a body,
in the humbleness of a soul.
I knew memory,
that coin that's never twice the same.
I knew hope and fear,
those twin faces of the uncertain future.
I knew wakefulness, sleep, dreams,
ignorance, the flesh,
reason's roundabout labyrinths,
the friendship of men,
the blind devotion of dogs.
I was loved, understood, praised, and hung from a cross.
I drank My cup to the dregs.
My eyes saw what they had never seen—
night and its many stars.
I knew things smooth and gritty, uneven and rough,

el sabor de la miel y de la manzana,
el agua en la garganta de la sed,
el peso de un metal en la palma,
la voz humana, el rumor de unos pasos sobre la hierba,
el olor de la lluvia en Galilea,
el alto grito de los pájaros.
Conocí también la amargura.
He encomendado esta escritura a un hombre cualquiera;
no será nunca lo que quiero decir,
no dejará de ser su reflejo.
Desde Mi eternidad caen estos signos.
Que otro, no el que es ahora su amanuense, escriba
    el poema.
Mañana seré un tigre entre los tigres
y predicaré Mi ley a su selva,
o un gran árbol en Asia.
A veces pienso con nostalgia
en el olor de esa carpintería.

the taste of honey and apple,
water in the throat of thirst,
the weight of metal in the hand,
the human voice, the sound of footsteps on the grass,
the smell of rain in Galileé,
the cry of birds on high.
I knew bitterness as well.
I have entrusted the writing of these words to a common man;
they will never be what I want to say
but only their shadow.
These signs are dropped from My eternity.
Let someone else write the poem, not he who is now its scribe.
Tomorrow I shall be a great tree in Asia,
or a tiger among tigers
preaching My law to the tiger's woods.
Sometimes homesick, I think back
on the smell of that carpenter's shop.

HERÁCLITO

El segundo crepúsculo.
La noche que se ahonda en el sueño.
La purificación y el olvido.
El primer crepúsculo.
La mañana que ha sido el alba.
El día que fue la mañana.
El día numeroso que será la tarde gastada.
El segundo crepúsculo.
Ese otro hábito del tiempo, la noche.
La purificación y el olvido.
El primer crepúsculo . . .
El alba sigilosa, y en el alba
la zozobra del griego.
¿Qué trama es ésta
del será, del es y del fue?
¿Qué río es éste
por el cual corre el Ganges?
¿Que río es éste cuya fuente es inconcebible?
¿Qué río es éste
que arrastra mitologías y espadas?
Es inútil que duerma.
Corre en el sueño, en el desierto, en un sótano.
El río me arrebata y soy ese río.
De una materia deleznable fui hecho, de misterioso tiempo.
Acaso el manantial está en mí.
Acaso de mi sombra
surgen, fatales e ilusorios, los días.

HERACLITUS

The day's second twilight.
Night that sinks into sleep.
Purification and oblivion.
The day's first twilight.
Morning that once was dawn.
Day that once was morning.
The crowded day that will become the weary evening.
The day's second twilight.
That other habit of time, night.
Purification and oblivion.
The day's first twilight . . .
The furtive dawn and in the dawn
the Greek's bewilderment.
What web is this
of *will be, is,* and *was?*
What river's this
through which the Ganges flows?
What river's this whose source is unimaginable?
What river's this
that bears along mythologies and swords?
No use in sleeping.
It runs through sleep, through deserts, through cellars.
The river bears me on and I am the river.
I was made of a changing substance, of mysterious time.
Maybe the source is in me.
Maybe out of my shadow
the days arise, relentless and unreal.

CAMBRIDGE

Nueva Inglaterra y la mañana.
Doblo por Craigie.
Pienso (ya lo he pensado)
que el nombre Craigie es escocés
y que la palabra *crag* es de origen celta.
Pienso (ya lo he pensado)
que en este invierno están los antiguos inviernos
de quienes dejaron escrito
que el camino está prefijado
y que ya somos del Amor o del Fuego.
La nieve y la mañana y los muros rojos
pueden ser formas de la dicha,
pero yo vengo de otras ciudades
donde los colores son pálidos
y en las que una mujer, al caer la tarde,
regará las plantas del patio.
Alzo los ojos y los pierdo en el ubicuo azul.
Más allá están los árboles de Longfellow
y el dormido río incesante.
Nadie en las calles, pero no es un domingo.
No es un lunes,
el día que nos depara la ilusión de empezar.
No es un martes,
el día que preside el planeta rojo.
No es un miércoles,
el día de aquel dios de los laberintos
que en el Norte fue Odín.
No es un jueves,
el día que ya se resigna al domingo.
No es un viernes,
el día regido por la divinidad que en las selvas
entreteje los cuerpos de los amantes.

CAMBRIDGE

Morning and New England.
I turn down Craigie
and think (what I have thought before)
that this name Craigie is Scots
and that *crag*, the word, is of Celtic origin.
I think (what I have thought before)
that this winter holds in it all winters past,
back to those of the elders who wrote
that our way is marked out,
that we already belong to Love or to Fire.
The snow and the morning and these walls of red brick
perhaps are forms of happiness,
but I come from other places,
where colors are soft and gray
and where a woman, when evening falls,
will water the plants in the patio.
I lift my eyes and lose them in the fathomless blue.
Farther on are the elms by Longfellow's house
and the ceaseless sleepy river.
No one in the streets, but it's not a Sunday.
Nor is it a Monday,
which gives us the illusion of beginning.
Nor a Tuesday,
the day the red planet governs.
Nor a Wednesday,
the day of that god of mazes
who in the North was Odin.
Nor a Thursday,
which makes us feel Sunday impending.
Nor a Friday,
ruled by the goddess who, in the woods,
tangles the figures of lovers.

No es un sábado.
No está en el tiempo sucesivo
sino en los reinos espectrales de la memoria.
Como en los sueños,
detrás de las altas puertas no hay nada,
ni siquiera el vacío.
Como en los sueños,
detrás del rostro que nos mira no hay nadie.
Anverso sin reverso,
moneda de una sola cara, las cosas.
Esas miserias son los bienes
que el precipitado tiempo nos deja.
Somos nuestra memoria,
somos ese quimérico museo de formas inconstantes,
ese montón de espejos rotos.

Nor is it a Saturday.
This day belongs not to successive time
but to the spectral realms of memory.
As in dreams,
behind the tall doors there is nothing,
not even emptiness.
As in dreams,
behind the face that looks at us there is no one.
Obverse without reverse,
coin of a single face, all things.
Those odds and ends of memory are the only wealth
that the rush of time leaves to us.
We are our memory,
we are this chimerical museum of shifting forms,
this heap of broken mirrors.

ELSA

Noches de largo insomnio y de castigo
que anhelaban el alba y la temían,
días de aquel ayer que repetían
otro inútil ayer. Hoy los bendigo.
¿Cómo iba a presentir en esos años
de soledad de amor que las atroces
fábulas de la fiebre y las feroces
auroras no eran más que los peldaños
torpes y las errantes galerías
que me conducirían a la pura
cumbre de azul que en el azul perdura
de esta tarde de un día y de mis días?
Elsa, en mi mano está tu mano. Vemos
en el aire la nieve y la queremos.

Cambridge, 1967

ELSA

(CAMBRIDGE 1967)

Nights of long sleeplessness and pain
yearning for dawn and fearing it,
days of that past like the echo
of a still more useless past—now
I bless them. How could I foresee
in those loveless years that the dread
inventions of fever and fierce
daybreaks were no more than clumsy
stairs and wandering corridors
leading me to the pure summit
of blue which persists in the blue
on the eve of this day and my days?
Elsa, your hand's in mine. We see
snow in the air and we love it.

Han cambiado las formas de mi sueño;
ahora son laterales casas rojas
y el delicado bronce de las hojas
y el casto invierno y el piadoso leño.
Como en el dia séptimo, la tierra
es buena. En los crepúsculos persiste
algo que casi no es, osado y triste,
un antiguo rumor de Biblia y guerra.
Pronto (nos dicen) llegará la nieve
y América me espera en cada esquina,
pero siento en la tarde que declina
el hoy tan lento y el ayer tan breve.
Buenos Aires, yo sigo caminando
por tus esquinas, sin por qué ni cuándo.

Cambridge, 1967

NEW ENGLAND 1967

The shapes inhabiting my dream have changed.
Now they are red houses, in from the street,
the delicate bronze of the foliage,
a chaste winter, and merciful wood fires.
The earth, as on the seventh day, is good.
Something that does not quite exist lives on,
bold and sad, in the dying afternoons—
ancient rumor of Bible and battle.
Any day now (we are told) snow will come
and out on every street America
awaits me, but as evening falls I feel
today so slow and yesterday so brief.
Buenos Aires, yours are the streets that I
go on walking without a why or when.

JAMES JOYCE

En un día del hombre están los días
del tiempo, desde aquel inconcebible
día inicial del tiempo, en que un terrible
Dios prefijó los días y agonías
hasta aquel otro en que el ubicuo río
del tiempo terrenal torne a su fuente,
que es lo Eterno, y se apague en el presente,
el futuro, el ayer, lo que ahora es mío.
Entre el alba y la noche está la historia
universal. Desde la noche veo
a mis pies los caminos del hebreo,
Cartago aniquilada, Infierno y Gloria.
Dame, Señor, coraje y alegría
para escalar la cumbre de este día.

Cambridge, 1968

JAMES JOYCE

In a man's single day are all the days
of time from that unimaginable
first day, when a terrible God marked out
the days and agonies, to that other,
when the ubiquitous flow of earthly
time goes back to its source, Eternity,
and flickers out in the present, the past,
and the future—what now belongs to me.
Between dawn and dark lies the history
of the world. From the vault of night I see
at my feet the wanderings of the Jew,
Carthage put to the sword, Heaven and Hell.
Grant me, O Lord, the courage and the joy
to ascend to the summit of this day.

THE UNENDING GIFT

Un pintor nos prometió un cuadro.
Ahora, en New England, sé que ha muerto. Sentí, como
   otras veces, la tristeza de comprender que somos
   como un sueño. Pensé en el hombre y en el cuadro
   perdidos.
(Sólo los dioses pueden prometer, porque son inmortales.)
Pensé en un lugar prefijado que la tela no ocupará.
Pensé después: si estuviera ahí, sería con el tiempo una
   cosa más, una cosa, una de las vanidades o hábitos de
   la casa; ahora es ilimitada, incesante, capaz de
   cualquier forma y cualquier color y no atada a
   ninguno.
Existe de algún modo. Vivirá y crecerá como una música
   y estará conmigo hasta el fin. Gracias, Jorge Larco.
(También los hombres pueden prometer, porque en la
   promesa hay algo inmortal.)

THE UNENDING GIFT

A painter promised us a picture.

Here in New England, having learned of his death, I felt once again the sadness of recognizing that we are but shapes of a dream. I thought about the man and the picture, both lost.

(Only the gods can make promises, for they are deathless.)

I thought about the place, chosen in advance, where the canvas will not hang.

Later, I thought: if it were there, wouldn't it in time become one thing more—an object, another of the vanities or habits of the house? Now the picture is limitless, unending, capable of taking any form or color and bound to none.

In some way, it exists. It will live and grow, like music, and will remain with me to the end. Thank you, Jorge Larco.

(Men can make promises, too, for in a promise there is something that does not die.)

EPISODIO DEL ENEMIGO

Tantos años huyendo y esperando y ahora el enemigo estaba en mi casa. Desde la ventana lo vi subir penosamente por el áspero camino del cerro. Se ayudaba con un bastón, con un torpe bastón que en sus viejas manos no podía ser un arma sino un báculo. Me costó percibir lo que esperaba: el débil golpe contra la puerta. Miré, no sin nostalgia, mis manuscritos, el borrador a medio concluir y el tratado de Artemidoro sobre los sueños, libro un tanto anómalo ahí, ya que no sé griego. Otro día perdido, pensé. Tuve que forcejear con la llave. Temí que el hombre se desplomara, pero dio unos pasos inciertos, soltó el bastón, que no volví a ver, y cayó en mi cama, rendido. Mi ansiedad lo había imaginado muchas veces, pero sólo entonces noté que se parecía, de un modo casi fraternal, al último retrato de Lincoln. Serían las cuatro de la tarde.

Me incliné sobre él para que me oyera.

—Uno cree que los años pasan para uno—le dije—, pero pasan también para los demás. Aquí nos encontramos al fin y lo que antes ocurrió no tiene sentido.

Mientras yo hablaba, se había desabrochado el sobretodo. La mano derecha estaba en el bolsillo del saco. Algo me señalaba y yo sentí que era un revólver.

Me dijo entonces con voz firme:

—Para entrar en su casa, he recurrido a la compasión. Lo tengo ahora a mi merced y no soy misericordioso.

Ensayé unas palabras. No soy un hombre fuerte y sólo las palabras podían salvarme. Atiné a decir:

—Es verdad que hace tiempo maltraté a un niño, pero usted ya no es aquel niño ni yo aquel insensato. Además, la venganza no es menos vanidosa y ridícula que el perdón.

EPISODE OF THE ENEMY

So many years on the run, expectant, and now the enemy stood at my door. From the window, I saw him working his way up the hill, laboring along the steep road. He leaned on a staff, a clumsy staff, which in his hands was no more than an old man's cane, not a weapon. Although I was waiting for it, his knock was so weak I barely made it out. I glanced full of wistfulness at the half-finished draft I was working on and at Artemidorus' treatise on dreams, a book somewhat out of place on my writing table, since I have no Greek. Another day lost, I thought. At the door, I fumbled with the key to let the man in. I feared he was going to collapse all at once, but he took a few faltering steps, let go the staff (which I never saw again), and tumbled, utterly worn out, onto my bed. My anxiety had pictured him many times before, but only then did I notice his resemblance—in an almost brotherly way—to Lincoln's last portrait. It was around four o'clock in the afternoon.

I bent over him so that he could hear me.

"One believes that the years pass for one," I said to him, "but they pass for everyone else, too. Here we meet at last face to face, and what happened before has no meaning now."

While I spoke, he had unbuttoned his overcoat. His right hand was in the pocket of his suit coat. Something there was aimed at me, and I knew it was a revolver.

Then he told me in an unwavering voice, "To get myself into your house, I fell back on your pity. Now I have you at my mercy and I am unforgiving."

I tried to get out some words. I am not a strong man, and only words could save me. I managed to utter, "It's true that a long time ago I ill-treated a certain boy, but

—Precisamente porque ya no soy aquel niño—me replicó—, tengo que matarlo. No se trata de una venganza sino de un acto de justicia. Sus argumentos, Borges, son meras estratagemas de su terror para que no lo mate. Usted ya no puede hacer nada

—Puedo hacer una cosa—le contesté.

—¿Cuál?—me preguntó.

—Despertarme.

Y así lo hice.

you are no longer that boy and I am no longer that callous brute. Besides, revenge is no less vain and ridiculous than forgiving."

"That's just it," he replied. "Because I am no longer that boy, I am about to kill you. This has nothing to do with revenge—this is an act of justice. Your arguments, Borges, are only stratagems of your terror designed to keep me from my mission. There's nothing you can do now."

"There's one thing I can do," I said.

"What's that?" he asked.

"Wake up," I said.

And I did.

EL LABERINTO

Zeus no podría desatar las redes
de piedra que me cercan. He olvidado
los hombres que antes fui; sigo el odiado
camino de monótonas paredes
que es mi destino. Rectas galerías
que se curvan en círculos secretos
al cabo de los años. Parapetos
que ha agrietado la usura de los días.
En el pálido polvo he descifrado
rastros que temo. El aire me ha traído
en las cóncavas tardes un bramido
o el eco de un bramido desolado.
Sé que en la sombra hay Otro, cuya suerte
es fatigar las largas soledades
que tejen y destejen este Hades
y ansiar mi sangre y devorar mi muerte.
Nos buscamos los dos. Ojalá fuera
éste el último día de la espera.

THE LABYRINTH

Zeus, Zeus himself could not undo these nets
of stone encircling me. My mind forgets
the persons I have been along the way,
the hated way of monotonous walls,
which is my fate. The galleries seem straight
but curve furtively, forming secret circles
at the terminus of years; and the parapets
have been worn smooth by the passage of days.
Here, in the tepid alabaster dust,
are tracks that frighten me. The hollow air
of evening sometimes brings a bellowing,
or the echo, desolate, of bellowing.
I know that hidden in the shadows there
lurks another, whose task is to exhaust
the loneliness that braids and weaves this hell,
to crave my blood, and to fatten on my death.
We seek each other. Oh, if only this
were the last day of our antithesis!

[Translated by John Updike]

LABERINTO

No habrá nunca una puerta. Estás adentro
y el alcázar abarca el universo
y no tiene ni anverso ni reverso
ni externo muro ni secreto centro.
No esperes que el rigor de tu camino
que tercamente se bifurca en otro,
que tercamente se bifurca en otro,
tendrá fin. Es de hierro tu destino
como tu juez. No aguardes la embestida
del toro que es un hombre y cuya extraña
forma plural da horror a la maraña
de interminable piedra entretejida.
No existe. Nada esperes. Ni siquiera
en el negro crepúsculo la fiera.

LABYRINTH

There'll never be a door. You're inside
and the keep encompasses the world
and has neither obverse nor reverse
nor circling wall nor secret center.
Hope not that the straitness of your path
that stubbornly branches off in two,
and stubbornly branches off in two,
will have an end. Your fate is ironbound,
as is your judge. Forget the onslaught
of the bull that is a man and whose
strange and plural form haunts the tangle
of unending interwoven stone.
He does not exist. In the black dusk
hope not even for the savage beast.

Ahora es invulnerable como los dioses.

Nada en la tierra puede herirlo, ni el desamor de una
mujer, ni la tisis, ni las ansiedades del verso, ni esa
cosa blanca, la luna, que ya no tiene que fijar en
palabras.

Camina lentamente bajo los tilos; mira las balaustradas
y las puertas, no para recordarlas.

Ya sabe cuantas noches y cuantas mañanas le faltan.

Su voluntad le ha impuesto una disciplina precisa.
Hará determinados actos, cruzará previstas esquinas,
tocará un árbol o una reja, para que el porvenir
sea tan irrevocable como el pasado.

Obra de esa manera para que el hecho que desea y que
teme no sea otra cosa que el término final de una
serie.

Camina por la calle 49; piensa que nunca atravesará tal
o cual zaguán lateral.

Sin que lo sospecharan, se ha despedido ya de muchos
amigos.

Piensa lo que nunca sabrá, si el día siguiente será un
día de lluvia.

Se cruza con un conocido y le hace una broma. Sabe
que este episodio será, durante algún tiempo, una
anécdota.

Ahora es invulnerable como los muertos.

En la hora fijada, subirá por unos escalones de mármol.
(Esto perdurará en la memoria de otros.)

Bajará al lavatorio; en el piso ajedrezado el agua borrará
muy pronto la sangre. El espejo lo aguarda.

Se alisará el pelo, se ajustará el nudo de la corbata
(siempre fue un poco dandy, como cuadra a un
joven poeta) y tratará de imaginar que el otro, el

MAY 20, 1928

(ON THE DEATH OF FRANCISCO LÓPEZ MERINO)

Now, like the gods, he is invulnerable.

Nothing on earth can hurt him—neither a woman's
rejection, nor his lung disease, nor the anxieties
of verse, nor that white thing, the moon, which he
need fix in words no more.

He walks slowly under the lindens. He looks at the
balustrades and doors, but not to remember them.

He knows how many nights and days he has left.

His will has imposed a set discipline on him. So as to
make the future as irrevocable as the past, he will
carry out certain actions, cross determined street
corners, touch a tree or a grille.

He does all this so that the act he desires and fears will
be no more than the final term of a series.

He walks along Street 49. He thinks he will never make
his way inside this or that entrance.

Without rousing suspicions, he has already said goodbye
to many friends.

He thinks about what he will never know—whether the
day after will be rainy.

He meets an acquaintance and tells him a joke. He
knows that for a time this episode will furnish an
anecdote.

Now, like the dead, he is invulnerable.

At the appointed hour, he will climb some marble steps.
(This will be remembered by others.)

He will go down to the lavatory. There, on the chess-
board-patterned floor tiles, water will wash the
blood away quite soon. The mirror awaits him.

He will smooth back his hair, adjust his tie (as fits a
young poet, he was always a bit of a dandy), and
try to imagine that the other man—the one in

41

del cristal, ejecuta los actos y que él, su doble, los repite. La mano no le temblará cuando ocurra el último. Dócilmente, mágicamente, ya habrá apoyado el arma contra la sien.

Así, lo creo, sucedieron las cosas.

the mirror—performs the actions and that he, the double, repeats them. His hand will not falter at the end. Obediently, magically, he will have pressed the weapon to his head.

It was in this way, I suppose, that things happened.

RICARDO GÜIRALDES

Nadie podrá olvidar su cortesía;
era la no buscada, la primera
forma de su bondad, la verdadera
cifra de un alma clara como el día.
No he de olvidar tampoco la bizarra
serenidad, el fino rostro fuerte,
las luces de la gloria y de la muerte,
la mano interrogando la guitarra.
Como en el puro sueño de un espejo
(tú eres la realidad, yo su reflejo)
te veo conversando con nosotros
en Quintana. Ahí estás, mágico y muerto.
Tuyo, Ricardo, ahora es el abierto
campo de ayer, el alba de los potros.

RICARDO GÜIRALDES

No one will forget his polite way;
it was always the first, unprompted
expression of his kindness, the true
symbol of a mind as clear as day.
Nor shall I forget his spirited
serenity, his strong, fine-featured
face, the glimmer of glory and death,
his hand interrogating the guitar.
As in the pure dream of a mirror
(you are real and I its reflection),
I see you talking with us at home.
You are still there, magical and dead.
Now, Ricardo, yours is the open
plain of yesterday, the mustang dawn.

EL ETNÓGRAFO

El caso me lo refirieron en Texas, pero había acontecido en otro estado. Cuenta con un solo protagonista, salvo que en toda historia los protagonistas son miles, visibles e invisibles, vivos y muertos. Se llamaba, creo, Fred Murdock. Era alto a la manera americana, ni rubio ni moreno, de perfil de hacha, de muy pocas palabras. Nada singular había en él, ni siquiera esa fingida singularidad que es propia de los jóvenes. Naturalmente respetuoso, no descreía de los libros ni de quienes escriben los libros. Era suya esa edad en que el hombre no sabe aún quién es y está listo a entregarse a lo que le propone el azar: la mística del persa o el desconocido origen del húngaro, las aventuras de la guerra o del álgebra, el puritanismo o la orgía. En la universidad le aconsejaron el estudio de las lenguas indígenas. Hay ritos esotéricos que perduran en ciertas tribus del oeste; su profesor, un hombre entrado en años, le propuso que hiciera su habitación en una toldería, que observara los ritos y que descubriera el secreto que los brujos revelan al iniciado. A su vuelta, redactaría una tesis que las autoridades del instituto darían a la imprenta. Murdock aceptó con alacridad. Uno de sus mayores había muerto en las guerras de la frontera; esa antigua discordia de sus estirpes era un vínculo ahora. Previó, sin duda, las dificultades que lo aguardaban; tenía que lograr que los hombres rojos lo aceptaran como uno de los suyos. Emprendió la larga aventura. Más de dos años habitó en la pradera, bajo toldos de cuero o a la intemperie. Se levantaba antes del alba, se acostaba al anochecer, llegó a soñar en un idioma que no era el de sus padres. Acostumbró su paladar a sabores ásperos, se cubrió con ropas extrañas, olvidó los amigos y la

This story was told to me in Texas, but it took place in
another of the Southwestern states. It has one character
only, except for the fact that in any story there are thousands of characters, seen and unseen, living and dead.
His name, I believe, was Fred Murdock. He was lanky,
was neither light nor dark, had a hatchet face, and wasted
few words. There was nothing out of the ordinary about
him, not even that wish to be out of the ordinary common to most young men. Naturally respectful, he never
questioned what he read or what his teachers told him.
He was at that age when, not yet knowing who he is, a
man is ready to go whichever way a chance wind blows—
into Persian Sufism or the unknown beginnings of Hun-
garian, the adventures of war or of algebra, puritanism
or the orgy. At the university, he was advised to take up
the study of aboriginal languages. Among a few tribes
of the Southwest, certain unexplained rites still survived;
his adviser, a man getting along in years, suggested that
he go live on a reservation, where he might be initiated
into tribal ceremonies, and try to uncover the medicine
man's secret. On his return, he would prepare a thesis
that the university press would undertake to publish.
Murdock jumped at the chance. One of his forebears had
been killed by Indians in a frontier raid; this old family
bloodshed was now a link. No doubt he foresaw the dif-
ficulties that were in store for him; he would have to do
his best to get the red men to accept him as one of them.
Murdock undertook the arduous adventure. He lived
over two years in the desert in adobe huts or out in the
open. He would get up before the dawn, he would go to
sleep at nightfall, and he came to dream in a language
that was not the language of his fathers. His palate be-

47

ciudad, llegó a pensar de una manera que su lógica rechazaba. Durante los primeros meses de aprendizaje tomaba notas sigilosas, que rompería después, acaso para no despertar la suspicacia de los otros, acaso porque ya no las precisaba. Al término de un plazo prefijado por ciertos ejercicios, de índole moral y de índole física, el sacerdote le ordenó que fuera recordando sus sueños y que se los confiara al clarear el día. Comprobó que en las noches de luna llena soñaba con bisontes. Confió estos sueños repetidos a su maestro; éste acabó por revelarle su doctrina secreta. Una mañana, sin haberse despedido de nadie, Murdock se fue.

En la ciudad, sintió la nostalgia de aquellas tardes iniciales de la pradera en que había sentido, hace tiempo, la nostalgia de la ciudad. Se encaminó al despacho del profesor y le dijo que sabía el secreto y que había resuelto no publicarlo.

—¿Lo ata su juramento?—preguntó el otro.

—No es ésa mi razón—dijo Murdock—. En esas lejanías aprendí algo que no puedo decir.

¿Acaso el idioma inglés es insuficiente?—observaría el otro.

—Nada de eso, señor. Ahora que poseo el secreto, podría enunciarlo de cien modos distintos y aun contradictorios. No sé muy bien cómo decirle que el secreto es precioso y que ahora la ciencia, nuestra ciencia, me parece una mera frivolidad.

Agregó al cabo de una pausa:

—El secreto, por lo demás, no vale lo que valen los caminos que me condujeron a él. Esos caminos hay que andarlos.

El profesor le dijo con frialdad:

—Comunicaré su decisión al Concejo. ¿Usted piensa vivir entre los indios?

Murdock le contestó:

—No. Tal vez no vuelva a la pradera. Lo que me

came accustomed to new tastes, he dressed in strange clothes, he forgot his friends and the city, he came to see things in a way his reason rejected. During the first months of his training, he took secret notes that later he was to burn—maybe not to arouse suspicion, maybe because he no longer needed them. At the end of a period of many months, after he had at last undergone certain exercises of a moral and physical nature, the medicine man took him aside and told him that from then on he must remember his dreams and relate them to him every morning. Murdock found out that on nights when the moon was full he dreamed of mustangs. He confided these repeated dreams to his teacher; in time, the teacher taught him the secret. One day without saying goodbye to anyone, Murdock went away.

Back in the city, he felt homesick for those first evenings out in the desert when, a long time before, he had felt homesick for the city. He made his way to his adviser's office and told him that he now knew the secret and that he had made up his mind not to reveal it.

"Are you sworn to an oath?" asked the professor.

"That's not my reason," answered Murdock. "I found out something off there in the desert that I can't tell."

"Do you mean to say the English language is inadequate?" the professor may have said.

"No, that's not it, sir. Now that I have the secret, I could explain it in a hundred different and even contradictory ways. I don't really know how to tell you, but the secret means a great deal to me. Compared to it, science—our science—seems not much more than a trifle." He added, after a pause, "The secret, I should tell you, is not as valuable as the steps that brought me to it. Those steps have to be taken, not told."

The professor said coldly, "Very well, I shall report your decision to the board. Are you thinking of living among the Indians?"

enseñaron sus hombres vale para cualquier lugar y para cualquier circunstancia.

Tal fue, en esencia, el diálogo.

Fred se casó, se divorció y es ahora uno de los bibliotecarios de Yale.

Murdock answered, "No. Maybe I won't be going back to the reservation. What I learned there I can apply anyplace on earth and under any circumstances."

That, substantially, is what was said.

Fred married, was divorced, and is now a librarian at Yale.

A CIERTA SOMBRA, 1940

Que no profanen tu sagrado suelo, Inglaterra,
el jabalí alemán y la hiena italiana.
Isla de Shakespeare, que tus hijos te salven
y también tus sombras gloriosas.
En esta margen ulterior de los mares
las invoco y acuden
desde el innumerable pasado,
con altas mitras y coronas de hierro,
con Biblias, con espadas, con remos,
con anclas y con arcos.
Se ciernen sobre mí en la alta noche
propicia a la retórica y a la magia
y busco la más tenue, la deleznable,
y le advierto: oh, amigo,
el continente hostil se apresta con armas
a invadir tu Inglaterra,
como en los días que sufriste y cantaste.
Por el mar, por la tierra y por el aire convergen
        los ejércitos.
Vuelve a soñar, De Quincey.
Teje para baluarte de tu isla
redes de pesadillas.
Que por sus laberintos de tiempo
erren sin fin los que odian.
Que su noche se mida por centurias, por eras,
        por pirámides,
que las armas sean polvo, polvo las caras,
que nos salven ahora las indescifrables arquitecturas
que dieron horror a tu sueño.
Hermano de la noche, bebedor de opio,
padre de sinuosos períodos que ya son laberintos y torres,

TO A CERTAIN GHOST, 1940

England, may your sacred soil not be defiled
by the German boar and Italian hyena.
May you be saved, Shakespeare's island, by your sons
    and daughters
and glorious ghosts.
Here, from far-off shores,
I summon them and they respond,
thronging out of the numberless past,
mitered and iron-crowned,
with Bibles, swords, and oars,
with anchors and bows.
In the black night, a time auspicious
for the arts of rhetoric and magic, they loom over me,
and I seek out the frailest, the most tenuous,
and say to him: O friend, again
the hostile continent prepares with arms
the invasion of your England,
as in those days that you endured and sang.
By sea and land and air the armies are converging.
Dream again, De Quincey.
Weave nightmare nets
as a bulwark for your island.
Let those who hate you wander without end
inside your labyrinths of time.
Let their night be measured by centuries, by eras,
    by pyramids,
let their weapons dissolve to dust, their faces dust,
let us now be saved by the indecipherable structures
that filled your sleep with horror.
Brother of night, eater of opium,
father of winding sentences which already are mazes
    and towers,

padre de las palabras que no se olvidan,
¿me oyes, amigo no mirado, me oyes
a través de esas cosas insondables
que son los mares y la muerte?

creator of unforgettable words—
do you hear me, unseen friend,
through these fathomless things:
the seas and death?

LAS COSAS

El bastón, las monedas, el llavero,
la dócil cerradura, las tardías
notas que no leerán los pocos días
que me quedan, los naipes y el tablero,
un libro y en sus páginas la ajada
violeta, monumento de una tarde
sin duda inolvidable y ya olvidada,
el rojo espejo occidental en que arde
una ilusoria aurora. ¡Cuántas cosas,
limas, umbrales, atlas, copas, clavos,
nos sirven como tácitos esclavos,
ciegas y extrañamente sigilosas!
Durarán más allá de nuestro olvido;
no sabrán nunca que nos hemos ido.

PLAIN THINGS

A walking stick, a bunch of keys, some coins,
a lock that turns with ease, useless jottings
at the back of books that in the few days left
me won't be read again, cards and chessboard,
an album in whose leaves some withered flower
lies pressed—the monument of an evening
doubtless unforgettable, now forgotten—
and in the west the mirror burning red
of an illusory dawn. So many things—
a file, an atlas, doorways, nails, the glass
from which we drink—serve us like silent slaves.
How dumb and strangely secretive they are!
Past our oblivion they will live on,
familiar, blind, not knowing we have gone.

RUBÁIYÁT

Torne en mi voz la métrica del persa
a recordar que el tiempo es la diversa
trama de sueños ávidos que somos
y que el secreto Soñador dispersa.

Torne a afirmar que el fuego es la ceniza,
la carne el polvo, el río la huidiza
imagen de tu vida y de mi vida
que lentamente se nos va de prisa.

Torne a afirmar que el arduo monumento
que erige la soberbia es como el viento
que pasa, y que a la luz inconcebible
de Quien perdura, un siglo es un momento.

Torne a advertir que el ruiseñor de oro
canta una sola vez en el sonoro
ápice de la noche y que los astros
avaros no prodigan su tesoro.

Torne la luna al verso que tu mano
escribe como torna en el temprano
azul a tu jardín. La misma luna
de ese jardín te ha de buscar en vano.

Sean bajo la luna de las tiernas
tardes tu humilde ejemplo las cisternas,
en cuyo espejo de agua se repiten
unas pocas imágenes eternas.

Que la luna del persa y los inciertos
oros de los crepúsculos desiertos
vuelvan. Hoy es ayer. Eres los otros
cuyo rostro es el polvo. Eres los muertos.

RUBÁIYÁT

Let sound once more in me the Persian's verse
calling to mind that time is the diverse
web of eager dreams of which we are made
and which by a secret Dreamer are dispersed.

Let it affirm that fire will lose its heat,
that flesh is dust, that rivers are a fleet
image of your and my and all our lives
as slowly they move on with quickening beat.

Let it affirm that monuments hard won,
if built on pride, are like a wind that's run
its course, and that to Him whose sight lives on
a century passing is a moment begun.

Let it tell that the golden nightingale
but once in the sonorous depth of night regales
us with its song, and that the frugal stars,
whose treasure is held back, will never pale.

Let moonlight come to the verse your hand now writes,
as moonlight comes again to the blue twilight
of your garden. The moon itself in vain
will seek you in that garden all the night.

Beneath the evening moon let cisterns be
your lowly archetype. In them you will see,
repeated on their mirror surfaces,
a source of everlasting imagery.

Let Persian moon and the diffuse golden spread
of setting suns, desolate to the point of dread,
come back. Today is yesterday. You are
all those whose face is dust. You are the dead.

PEDRO SALVADORES

A JUAN MURCHISON

Quiero dejar escrito, acaso por primera vez, uno de los hechos más raros y más tristes de nuestra historia. Intervenir lo menos posible en su narración, prescindir de adiciones pintorescas y de conjeturas aventuradas es, me parece, la mejor manera de hacerlo.

Un hombre, una mujer y la vasta sombra de un dictador son los tres personajes. El hombre se llamó Pedro Salvadores; mi abuelo Acevedo lo vio, días o semanas después de la batalla de Caseros. Pedro Salvadores, tal vez, no difería del común de la gente, pero su destino y los años lo hicieron único. Sería un señor como tantos otros de su época. Poseería (nos cabe suponer) un establecimiento de campo y era unitario. El apellido de su mujer era Planes; los dos vivían en la calle Suipacha, no lejos de la esquina del Temple. La casa en que los hechos ocurrieron sería igual a las otras: la puerta de calle, el zaguán, la puerta cancel, las habitaciones, la hondura de los patios. Una noche, hacia 1842, oyeron el creciente y sordo rumor de los cascos de los caballos en la calle de tierra y los vivas y mueras de los jinetes. La mazorca, esta vez, no pasó de largo. Al griterío sucedieron los repetidos golpes; mientras los hombres derribaban la puerta, Salvadores pudo correr la mesa del comedor, alzar la alfombra y ocultarse en el sótano. La mujer puso la mesa en su lugar. La mazorca irrumpió; venían a llevárselo a Salvadores. La mujer declaró que éste había huído a Montevideo. No le creyeron; la azotaron, rompieron toda la vajilla celeste, registraron la casa, pero no se les ocurrió levantar la alfombra. A la medianoche se fueron, no sin haber jurado volver.

Aquí principia verdaderamente la historia de Pedro Salvadores. Vivió nueve años en el sótano. Por más que

PEDRO SALVADORES

TO JUAN MURCHISON

I want to leave a written record (perhaps the first to be attempted) of one of the strangest and grimmest happenings in Argentine history. To meddle as little as possible in the telling, to abstain from picturesque details or personal conjectures is, it seems to me, the only way to do this.

A man, a woman, and the overpowering shadow of a dictator are the three characters. The man's name was Pedro Saivadores; my grandfather Acevedo saw him days or weeks after the dictator's downfall in the battle of Caseros. Pedro Salvadores may have been no different from anyone else, but the years and his fate set him apart. He was a gentleman like many other gentlemen of his day. He owned (let us suppose) a ranch in the country and, opposed to the tyranny, was on the Unitarian side. His wife's family name was Planes; they lived together on Suipacha Street near the corner of Temple in what is now the heart of Buenos Aires. The house in which the event took place was much like any other, with its street door, long arched entranceway, inner grillwork gate, its rooms, its row of two or three patios. The dictator, of course, was Rosas.

One night, around 1842, Salvadores and his wife heard the growing, muffled sound of horses' hooves out on the unpaved street and the riders shouting their drunken *vivas* and their threats. This time Rosas' henchmen did not ride on. After the shouts came repeated knocks at the door; while the men began forcing it, Salvadores was able to pull the dining-room table aside, lift the rug, and hide himself down in the cellar. His wife dragged the table back in place. The *mazorca* broke into the house;

nos digamos que los años están hechos de días y los días de horas y que nueve años es un término abstracto y una suma imposible, esa historia es atroz. Sospecho que en la sombra, que sus ojos aprendieron a descifrar, no pensaba en nada, ni siquiera en su odio ni en su peligro Estaba ahí, en el sótano. Algunos ecos de aquel mundo que le estaba vedado le llegarían desde arriba: los pasos habituales de su mujer, el golpe del brocal y del balde, la pesada lluvia en el patio. Cada día, por lo demás, podía ser el último.

La mujer fue despidiendo a la servidumbre, que era capaz de delatarlos. Dijo a todos los suyos que Salvadores estaba en la Banda Oriental. Ganó el pan de los dos cosiendo para el ejército. En el decurso de los años tùvo dos hijos; la familia la repudió, atribuyéndolos a un amante. Después de la caída del tirano, le pedirían perdón de rodillas.

¿Qué fue, quién fue, Pedro Salvadores? ¿Lo encarcelaron el terror, el amor, la invisible presencia de Buenos Aires y, finalmente, la costumbre? Para que no la dejara sola, su mujer le daría inciertas noticias de conspiraciones y de victorias. Acaso era cobarde y la mujer lealmente le ocultó que ella lo sabía. Lo imagino en su sótano, tal vez sin un candil, sin un libro. La sombra lo hundiría en el sueño. Soñaría, al principio, con la noche tremenda en que el acero buscaba la garganta, con las calles abiertas, con la llanura. Al cabo de los años no podría huir y soñaría con el sótano. Sería, al principio, un acosado, un amenazado; despùés no lo sabremos nunca, un animal tranquilo en su madriguera o una especie de oscura divinidad.

Todo esto hasta aquel día del verano de 1852 en que Rosas huyó. Fue entonces cuando el hombre secreto salió a la luz del día; mi abuelo habló con él. Fofo y obeso, estaba del color de la cera y no hablaba en voz alta. Nunca

they had come to take Salvadores. The woman said her husband had run away to Montevideo. The men did not believe her; they flogged her, they smashed all the blue chinaware (blue was the Unitarian color), they searched the whole house, but they never thought of lifting the rug. At midnight they rode away, swearing that they would soon be back.

Here is the true beginning of Pedro Salvadores' story. He lived nine years in the cellar. For all we may tell ourselves that years are made of days and days of hours and that nine years is an abstract term and an impossible sum, the story is nonetheless gruesome. I suppose that in the darkness, which his eyes somehow learned to decipher, he had no particular thoughts, not even of his hatred or his danger. He was simply there—in the cellar —with echoes of the world he was cut off from sometimes reaching him from overhead: his wife's footsteps, the bucket clanging against the lip of the well, a heavy rainfall in the patio. Every day of his imprisonment, for all he knew, could have been the last.

His wife let go all the servants, who could possibly have informed against them, and told her family that Salvadores was in Uruguay. Meanwhile, she earned a living for them both sewing uniforms for the army. In the course of time, she gave birth to two children; her family turned from her, thinking she had a lover. After the tyrant's fall, they got down on their knees and begged to be forgiven.

What was Pedro Salvadores? Who was he? Was it his fear, his love, the unseen presence of Buenos Aires, or— in the long run—habit that held him prisoner? In order to keep him with her, his wife would make up news to tell him about whispered plots and rumored victories. Maybe he was a coward and she loyally hid it from him that she knew. I picture him in his cellar perhaps without a candle, without a book. Darkness probably sank

63

le devolvieron los campos que le habían sido confiscados; creo que murió en la miseria.

Como todas las cosas, el destino de Pedro Salvadores nos parece un símbolo de algo que estamos a punto de comprender.

him into sleep. His dreams, at the outset, were probably of that sudden night when the blade sought his throat, of the streets he knew so well, of the open plains. As the years went on, he would have been unable to escape even in his sleep; whatever he dreamed would have taken place in the cellar. At first, he may have been a man hunted down, a man in danger of his life; later (we will never know for certain), an animal at peace in its burrow or a sort of dim god.

All this went on until that summer day of 1852 when Rosas fled the country. It was only then that the secret man came out into the light of day; my grandfather spoke with him. Flabby, overweight, Salvadores was the color of wax and could not speak above a low voice. He never got back his confiscated lands; I think he died in poverty.

As with so many things, the fate of Pedro Salvadores strikes us as a symbol of something we are about to understand, but never quite do.

A ISRAEL

¿Quién me dirá si estás en el perdido
laberinto de ríos seculares
de mi sangre, Israel? ¿Quién los lugares
que mi sangre y tu sangre han recorrido?
No importa. Sé que estás en el sagrado
libro que abarca el tiempo y que la historia
del rojo Adán rescata y la memoria
y la agonía del Crucificado.
En ese libro estás, que es el espejo
de cada rostro que sobre él se inclina
y del rostro de Dios, que en su complejo
y arduo cristal, terrible se adivina.
Salve, Israel, que guardas la muralla
de Dios, en la pasión de tu batalla.

TO ISRAEL

Who can say if you are in the lost
labyrinth of the age-old rivers
of my blood, Israel? Who can say
what lands your blood and my blood have roamed?
No matter. You are in the sacred
book that embraces time and rescues
red Adam's life and the memory
of the one who suffered on the Cross.
You are in that book, which in its hard
and complex crystal is the mirror
of every face that bends over it
and of God's own face, terribly glimpsed.
Hail, Israel, defender of God's
ramparts, in the passion of your war.

ISRAEL

Un hombre encarcelado y hechizado,
un hombre condenado a ser la serpiente
que guarda un oro infame,
un hombre condenado a ser Shylock,
un hombre que se inclina sobre la tierra
y que sabe que estuvo en el Paraíso,
un hombre viejo y ciego que ha de romper
las columnas del templo,
un rostro condenado a ser una máscara,
un hombre que a pesar de los hombres
es Spinoza y el Baal Shem y los cabalistas,
un hombre que es el Libro,
una boca que alaba desde el abismo
la justicia del firmamento,
un procurador o un dentista
que dialogó con Dios en una montaña,
un hombre condenado a ser el escarnio,
la abominación, el judío,
un hombre lapidado, incendiado
y ahogado en cámaras letales,
un hombre que se obstina en ser inmortal
y que ahora ha vuelto a su batalla,
a la violenta luz de la victoria,
hermoso como un león al mediodía.

ISRAEL

A man imprisoned and cast into a spell,
a man condemned to be the snake
who keeps watch over infamous gold,
a man condemned to be Shylock,
a man bent over the earth in hard work
knowing that once he stood in Eden,
an old man with his eyes put out who will bring down
the pillars of the house,
a face condemned to wear a mask,
a man who in spite of men
is Spinoza and the Baal Shem and the cabalists,
a man who is the Book,
a tongue that praises from the depths
the justice of the skies,
a salesman or dentist
who spoke with God on the mountaintop,
a man condemned to be the object of ridicule,
the abomination, the Jew,
a man stoned, set afire,
asphyxiated in death chambers,
a man who endures and is deathless
and who now has returned to his battle,
to the violent light of victory,
handsome as a lion in the twelve o'clock sun.

JUNIO, 1968

En la tarde de oro
o en una serenidad cuyo símbolo
podría ser la tarde de oro,
el hombre dispone los libros
en los anaqueles que aguardan
y siente el pergamino, el cuero, la tela
y el agrado que dan
la previsión de un hábito
y el establecimiento de un orden.
Stevenson y el otro escocés, Andrew Lang,
reanudarán aquí, de manera mágica,
la lenta discusión que interrumpieron
los mares y la muerte
y a Reyes no le desagradará ciertamente
la cercanía de Virgilio.
(Ordenar bibliotecas es ejercer,
de un modo silencioso y modesto,
el arte de la crítica.)
El hombre, que está ciego,
sabe que ya no podrá descifrar
los hermosos volúmenes que maneja
y que no le ayudarán a escribir
el libro que lo justificará ante los otros,
pero en la tarde que es acaso de oro
sonríe ante el curioso destino
y siente esa felicidad peculiar
de las viejas cosas queridas.

JUNE 1968

On a golden evening,
or in a quietness whose symbol
might be a golden evening,
a man sets up his books
on the waiting shelves,
feeling the parchment and leather and cloth
and the satisfaction given by
the anticipation of a habit
and the establishment of order.
Stevenson and that other Scotsman, Andrew Lang,
will here pick up again, in a magic way,
the leisurely conversation broken off
by oceans and by death,
and Alfonso Reyes surely will be pleased
to share space close to Virgil.
(To arrange a library is to practice,
in a quiet and modest way,
the art of criticism.)
The man, who is blind,
knows that he can no longer read
the handsome volumes he handles
and that they will not help him write
the book which in the end might justify him,
but on this evening that perhaps is golden
he smiles at his strange fate
and feels that special happiness
which comes from things we know and love.

EL GUARDIÁN DE LOS LIBROS

Ahí están los jardines, los templos y la justificación
    de los templos,
la recta música y las rectas palabras,
los sesenta y cuatro hexagramas,
los ritos que son la única sabiduría
que otorga el Firmamento a los hombres,
el decoro de aquel emperador
cuya serenidad fue reflejada por el mundo, su espejo,
de suerte que los campos daban sus frutos
y los torrentes respetaban sus márgenes,
el unicornio herido que regresa para marcar el fin,
las secretas leyes eternas,
el concierto del orbe;
esas cosas o su memoria están en los libros
que custodio en la torre.

Los tártaros vinieron del Norte
en crinados potros pequeños;
aniquilaron los ejércitos
que el Hijo del Cielo mandó para castigar su impiedad,
erigieron pirámides de fuego y cortaron gargantas,
mataron al perverso y al justo,
mataron al esclavo encadenado que vigila la puerta,
usaron y olvidaron a las mujeres
y siguieron al Sur,
inocentes como animales de presa,
crueles como cuchillos.
En el alba dudosa
el padre de mi padre salvó los libros.
Aquí están en la torre donde yazgo,

THE KEEPER OF THE BOOKS

Here they stand: gardens and temples and the reason
     for temples;
exact music and exact words;
the sixty-four hexagrams;
ceremonies, which are the only wisdom
that the Firmament accords to men;
the conduct of that emperor
whose perfect rule was reflected in the world,
     which mirrored him,
so that rivers held their banks
and fields gave up their fruit;
the wounded unicorn that's glimpsed again, marking
     an era's close;
the secret and eternal laws;
the harmony of the world.
These things or their memory are here in books
that I watch over in my tower.

On small shaggy horses,
the Mongols swept down from the North
destroying the armies
ordered by the Son of Heaven to punish their desecrations.
They cut throats and sent up pyramids of fire,
slaughtering the wicked and the just,
slaughtering the slave chained to his master's door,
using the women and casting them off.
And on to the South they rode,
innocent as animals of prey,
cruel as knives.
In the faltering dawn
my father's father saved the books.
Here they are in this tower where I lie

recordando los días que fueron de otros,
los ajenos y antiguos.

En mis ojos no hay días. Los anaqueles
están muy altos y no los alcanzan mis años.
Leguas de polvo y sueño cercan la torre.
¿A qué engañarme?
La verdad es que nunca he sabido leer,
pero me consuelo pensando
que lo imaginado y lo pasado ya son lo mismo
para un hombre que ha sido
y que contempla lo que fue la ciudad
y ahora vuelve a ser el desierto.
¿Qué me impide soñar que alguna vez
descifré la sabiduría
y dibujé con aplicada mano los símbolos?
Mi nombre es Hsiang. Soy el que custodia los libros,
que acaso son los últimos,
porque nada sabemos del Imperio
y del Hijo del Cielo.
Ahí están en los altos anaqueles,
cercanos y lejanos a un tiempo,
secretos y visibles como los astros.
Ahí están los jardines, los templos.

calling back days that belonged to others,
distant days, the days of the past.

In my eyes there are no days. The shelves
stand very high, beyond the reach of my years,
and leagues of dust and sleep surround the tower.
Why go on deluding myself?
The truth is that I never learned to read,
but it comforts me to think
that what's imaginary and what's past are the same
to a man whose life is nearly over,
who looks out from his tower on what once was city
and now turns back to wilderness.
Who can keep me from dreaming that there was a time
when I deciphered wisdom
and lettered characters with a careful hand?
My name is Hsiang. I am the keeper of the books—
these books which are perhaps the last,
for we know nothing of the Son of Heaven
or of the Empire's fate.
Here on these high shelves they stand,
at the same time near and far,
secret and visible, like the stars.
Here they stand—gardens, temples.

LOS GAUCHOS

Quién les hubiera dicho que sus mayores vinieron por
un mar, quién les hubiera dicho lo que son un mar
y sus aguas.

Mestizos de la sangre del hombre blanco, lo tuvieron en
poco, mestizos de la sangre del hombre rojo, fueron
sus enemigos.

Muchos no habrán oído jamás la palabra gaucho, o la
habrán oído como una injuria.

Aprendieron los caminos de las estrellas, los hábitos del
aire y del pájaro, las profecías de las nubes del Sur
y de la luna con un cerco.

Fueron pastores de la hacienda brava, firmes en el caballo
del desierto que habían domado esa mañana, enlaza-
dores, marcadores, troperos, capataces, hombres de
la partida policial, alguna vez matreros; alguno, el
escuchado, fue el payador.

Cantaba sin premura, porque el alba tarda en clarear, y
no alzaba la voz.

Había peones tigreros; amparado en el poncho el brazo
izquierdo, el derecho sumía el cuchillo en el vientre
del animal, abalanzado y alto.

El diálogo pausado, el mate y el naipe fueron las formas
de su tiempo.

A diferencia de otros campesinos, eran capaces de ironía.

Eran sufridos, castos y pobres. La hospitalidad fue su
fiesta.

Alguna noche los perdió el pendenciero alcohol de los
sábados.

THE GAUCHOS

Who was there to tell them their forebears came from
across the seas? Who was there to tell them what a
sea and its waters are like?
Offspring of the white man, they looked down on him;
offspring of the red man, they were his enemies.
Many of them, if they ever heard the word *gaucho,* heard
it only as an insult.
They learned the paths of the stars, the habits of the air
and birds, and what clouds from the south and a
red ring around the moon foretell.
They were herders of wild cattle and sure riders of the
desert horse they had broken that morning. They
were rope throwers, branders, foremen, drovers, the
men who made up the posse, and from time to time
the outlaw who fought them. One—the man listened
to—was the ballad singer.
He never hurried his song, for dawn is long in coming,
and he never raised his voice.
Some were farmhands who doubled as jaguar hunters; a
poncho wound around the left arm for a shield, the
right hand sank the knife into the animal's belly as
it sprang on its hind legs.
Leisurely talk, maté, and cards were the shape of their
time.
Unlike so many peasants, irony came easily to them.
They were enduring, they were celibate, they were poor.
Hospitality was their happiness.
Now and then, Saturday night binges dragged them
down.

Morían y mataban con inocencia.

No eran devotos, fuera de alguna oscura superstición, pero la dura vida les enseñó el culto del coraje.

Hombres de la ciudad les fabricaron un dialecto y una poesía de metáforas rústicas.

Ciertamente no fueron aventureros, pero un arreo los llevaba muy lejos y más lejos las guerras.

No dieron a la historia un solo caudillo. Fueron hombres de López, de Ramírez, de Artigas, de Quiroga, de Bustos, de Pedro Campbell, de Rosas, de Urquiza, de aquel Ricardo López Jordán que hizo matar a Urquiza, de Peñaloza y de Saravia.

No murieron por esa cosa abstracta, la patria, sino por un patrón casual, una ira o por la invitación de un peligro.

Su ceniza mortal está perdida en remotas regiones del continente, en repúblicas de cuya historia nada supieron, en campos de batalla hoy famosos.

Hilario Ascasubi los vio cantando y combatiendo.

Vivieron su destino como en un sueño, sin saber quiénes eran o qué eran.

Tal vez lo mismo nos ocurre a nosotros.

They died and they killed with innocence.

They were not religious, apart from holding some dim superstition or other, but hardship taught them the cult of courage.

Men bred in cities made up a speech for them and a literature of rural metaphors.

Certainly they were not adventurers, though cattle drives might carry them long distances and wars farther still.

They did not give history a single caudillo. They fought for López, for Ramírez, for Artigas, for Quiroga, for Bustos, for Pedro Campbell, for Rosas, for Urquiza, for Ricardo López Jordán (who had Urquiza knifed and shot down), for Peñaloza, and for Saravia.

They did not give their lives for their country—that abstraction—but for this or that landowner, or out of a fit of anger, or to the lure of danger.

Their mortal dust is scattered over the length and breadth of the continent—in republics whose history they knew nothing of, on battlefields now famous.

The poet Ascasubi saw them singing and fighting.

They lived out their lives as in a dream, without knowing who they were or what they were.

Maybe the case is the same for us all.

ACEVEDO

Campos de mis abuelos y que guardan
todavía su nombre de Acevedo,
indefinidos campos que no puedo
del todo imaginar. Mis años tardan
y no he mirado aún esas cansadas
leguas de polvo y patria que mis muertos
vieron desde el caballo, esos abiertos
caminos, sus ocasos y alboradas.
La llanura es ubicua. Los he visto
en Iowa, en el Sur, en tierra hebrea,
en aquel saucedal de Galilea
que hollaron los humanos pies de Cristo.
No los perdí. Son míos. Los poseo
en el olvido, en un casual deseo.

ACEVEDO

Vast cattle land of my fathers' fathers
that still bears the name of Acevedo—
featureless plains I cannot quite conceive.
My years wear on and I have not yet set
eyes on those weary miles of dust and home
which once far back in time my dead kinsmen
saw from the saddle—those wide-open roads
and their setting suns and shimmering dawns.
Plains are everywhere the same. I have seen
such land in Iowa, in our own south,
in the Holy Land in those willow groves
of Galilee where walked Christ's human feet.
That land is not lost. It is mine. I own
it in wistfulness, in oblivion.

MILONGA DE MANUEL FLORES

Manuel Flores va a morir.
Eso es moneda corriente;
morir es una costumbre
que sabe tener la gente.

Para los otros la fiebre
y el sudor de la agonía
y para mí cuatro balas
cuando esté clareando el día.

Mañana vendrá la bala
y con la bala el olvido.
Lo dijo el sabio Merlín:
Morir es haber nacido.

Y sin embargo me duele
decirle adiós a la vida,
esa cosa tan de siempre,
tan dulce y tan conocida.

Miro en el alba mi mano,
miro en la mano las venas;
con extrañeza las miro
como si fueran ajenas.

¡Cuánta cosa en su camino
estos ojos habrán visto!
Quién sabe lo que verán
después que me juzgue Cristo.

MILONGA OF MANUEL FLORES

Manuel Flores is to die.
That is common knowledge;
for dying is a habit
people usually have.

For others there is fever,
sweating their agony;
for me there are four bullets
when light first streaks the sky.

Tomorrow comes the bullet,
with it oblivion.
Sage Merlin was who said it:
to die is to have been born.

Nevertheless it pains me
bidding farewell to life,
this thing one gets so used to—
so sweet and so familiar.

I see in the dawn my hand,
I see in my hand the veins;
I stare at them as strangely
as if they were not mine.

How many things on their way
these eyes of mine have seen!
Who knows what more they shall see
after I'm judged by Christ.

Manuel Flores va a morir.
Eso es moneda corriente;
morir es una costumbre
que sabe tener la gente.

Manuel Flores is to die.
That is common knowledge;
for dying is a habit
people usually have.

MILONGA DE CALANDRIA

A orillas del Uruguay
me acuerdo de aquel matrero
que lo atravesó, prendido
de la cola de su overo.

Servando Cardoso el nombre
y Ño Calandria el apodo;
no lo sabrán olvidar
los años, que olvidan todo.

No era un científico de esos
que usan arma de gatillo;
era su gusto jugarse
en el baile del cuchillo.

Fija la vista en los ojos,
era capaz de parar
el hachazo más artero.
¡Feliz quien lo vio pelear!

No tan felices aquellos
cuyo recuerdo postrero
fue la brusca arremetida
y la entrada del acero.

Siempre la selva y el duelo,
pecho a pecho y cara a cara.
Vivió matando y huyendo.
Vivió como si soñara.

MILONGA OF CALANDRIA

Along the Uruguay's banks,
I recall that lone outlaw
who crossed the river holding
the tail of his piebald horse.

Servando Cardoso named
and Ño Calandria called,
he will not be forgotten
by the years, which forget all.

He was not the studied sort
who used a triggered weapon;
he fancied risking his life
in the dance of a steel blade.

Eyes glued to his opponent's,
he was good at warding off
the most skillful chopping blow.
Happy he who saw him fight!

But not so happy are those
whose last memory in life
was the lightning-quick onslaught
and the ripping of the knife.

Words first, and then the duel,
face to face and hand to hand.
He lived killing and running.
He lived as if in a dream.

Se cuenta que una mujer
fue y lo entregó a la partida;
a todos, tarde o temprano,
nos va entregando la vida.

It is told that a woman
betrayed him to a posse;
all of us, early or late,
are ourselves betrayed by life.

INVOCACIÓN A JOYCE

Dispersos en dispersas capitales,
solitarios y muchos,
jugábamos a ser el primer Adán
que dio nombre a las cosas.
Por los vastos declives de la noche
que lindan con la aurora,
buscamos (lo recuerdo aún) las palabras
de la luna, de la muerte, de la mañana
y de los otros hábitos del hombre.
Fuimos el imagismo, el cubismo,
los conventículos y sectas
que las crédulas universidades veneran.
Inventamos la falta de puntuación,
la omisión de mayúsculas,
las estrofas en forma de paloma
de los bibliotecarios de Alejandría.
Ceniza, la labor de nuestras manos
y un fuego ardiente nuestra fe.
Tú, mientras tanto,
en las ciudades del destierro,
en aquel destierro que fue
tu aborrecido y elegido instrumento,
el arma de tu arte,
erigías tus arduos laberintos,
infinitesimales e infinitos,
admirablemente mezquinos,
más populosos que la historia.
Habremos muerto sin haber divisado
la biforme fiera o la rosa
que son el centro de tu dédalo,
pero la memoria tiene sus talismanes,
sus ecos de Virgilio,

INVOCATION TO JOYCE

Scattered over scattered cities,
alone and many
we played at being that Adam
who gave names to all living things.
Down the long slopes of night
that border on the dawn,
we sought (I still remember) words
for the moon, for death, for the morning,
and for man's other habits.
We were imagism, cubism,
the conventicles and sects
respected now by credulous universities.
We invented the omission of punctuation
and capital letters,
stanzas in the shape of a dove
from the librarians of Alexandria.
Ashes, the labor of our hands,
and a burning fire our faith.
You, all the while,
in cities of exile,
in that exile that was
your detested and chosen instrument,
the weapon of your craft,
erected your pathless labyrinths,
infinitesimal and infinite,
wondrously paltry,
more populous than history.
We shall die without sighting
the twofold beast or the rose
that are the center of your maze,
but memory holds its talismans,
its echoes of Virgil,

y así en las calles de la noche perduran
tus infiernos espléndidos,
tantas cadencias y metáforas tuyas,
los oros de tu sombra.
Qué importa nuestra cobardía si hay en la tierra
un solo hombre valiente,
qué importa la tristeza si hubo en el tiempo
alguien que se dijo feliz,
qué importa mi perdida generación,
ese vago espejo,
si tus libros la justifican.
Yo soy los otros. Yo soy todos aquellos
que ha rescatado tu obstinado rigor.
Soy los que no conoces y los que salvas.

and so in the streets of night
your splendid hells survive,
so many of your cadences and metaphors,
the treasures of your darkness.
What does our cowardice matter if on this earth
there is one brave man,
what does sadness matter if in time past
somebody thought himself happy,
what does my lost generation matter,
that dim mirror,
if your books justify us?
I am the others. I am all those
who have been rescued by your pains and care.
I am those unknown to you and saved by you.

ISRAEL, 1969

Temí que en Israel acecharía
con dulzura insidiosa
la nostalgia que las diásporas seculares
acumularon como un triste tesoro
en las ciudades del infiel, en las juderías,
en los ocasos de la estepa, en los sueños,
la nostalgia de aquellos que te anhelaron,
Jerusalén, junto a las aguas de Babilonia.
¿Qué otra cosa eras, Israel, sino esa nostalgia,
sino esa voluntad de salvar,
entre las inconstantes formas del tiempo,
tu viejo libro mágico, tus liturgias,
tu soledad con Dios?
No así. La más antigua de las naciones
es también la más joven.
No has tentado a los hombres con jardines,
con el oro y su tedio
sino con el rigor, tierra última.
Israel les ha dicho sin palabras:
olvidarás quién eres.
Olvidarás al otro que dejaste.
Olvidarás quién fuiste en las tierras
que te dieron sus tardes y sus mañanas
y a las que no darás tu nostalgia.
Olvidarás la lengua de tus padres y aprenderás la lengua
    del Paraíso.
Serás un israelí, serás un soldado.
Edificarás la patria con ciénagas; la levantarás con desiertos.
Trabajará contigo tu hermano, cuya cara no has visto
    nunca.
Una sola cosa te prometemos:
tu suerte en la batalla.

ISRAEL 1969

I feared that in Israel there might be lurking,
sweetly and insidiously,
the nostalgia gathered like some sad treasure
during the centuries of dispersion
in cities of the unbeliever, in ghettos,
in the sunsets of the steppe, in dreams—
the nostalgia of those who longed for you,
Jerusalem, beside the waters of Babylon.
What else were you, Israel, but that wistfulness,
that will to save
amid the shifting shapes of time
your old magical book, your ceremonies,
your loneliness with God?
Not so. The most ancient of nations
is also the youngest.
You have not tempted men with gardens or gold
and the emptiness of gold
but with hard work, beleaguered land.
Without words Israel has told them:
forget who you are.
Forget who you have been.
Forget the man you were in those countries
which gave you their mornings and evenings
and to which you must not look back in yearning.
You will forget your father's tongue
and learn the tongue of Paradise.
You shall be an Israeli, a soldier.
You shall build a country on wasteland,
making it rise out of deserts.
Your brother, whose face you've never seen,
will work by your side.
One thing only we promise you—
your place in the battle.

DOS VERSIONES DE "RITTER, TOD, UND TEUFEL"

I

Bajo el yelmo quimérico el severo
perfil es cruel como la cruel espada
que aguarda. Por la selva despojada
cabalga imperturbable el caballero.
Torpe y furtiva, la caterva obscena
lo ha cercado: el Demonio de serviles
ojos, los laberínticos reptiles
y el blanco anciano del reloj de arena.
Caballero de hierro, quien te mira
sabe que en ti no mora la mentira
ni el pálido temor. Tu dura suerte
es mandar y ultrajar. Eres valiente
y no serás indigno ciertamente,
alemán, del Demonio y de la Muerte.

"RITTER, TOD, UND TEUFEL" (I)

Beneath the chimerical helm
his sharp profile is as cruel
as his cruel waiting sword. Through
the leafless wood the Knight rides on,
aloof. The obscene throng, clumsy,
furtive, closes in—the Devil,
fawning-eyed, and the snake-entwined,
white-faced old man with an hourglass.
Iron Knight, whoever looks on you
knows that neither deception nor
sick fear dwells in you. Your hard lot
lies in command, outrage. Being
brave, Teuton, you surely will be
worthy of the Devil and Death.

Los caminos son dos. El de aquel hombre
de hierro y de soberbia, y que cabalga,
firme en su fe, por la dudosa selva
del mundo, entre las befas y la danza
inmóvil del Demonio y de la Muerte,
y el otro, el breve, el mío. ¿En qué borrada
noche o mañana antigua descubrieron
mis ojos la fantástica epopeya,
el perdurable sueño de Durero,
el héroe y la caterva de sus sombras
que me buscan, me acechan y me encuentran?
A mí, no al paladín, exhorta el blanco
anciano coronado de sinuosas
serpientes. La clepsidra sucesiva
mide mi tiempo, no su eterno ahora.
Yo seré la ceniza y la tiniebla;
yo, que partí después, habré alcanzado
mi término mortal; tú, que no eres,
tú, caballero de la recta espada
y de la selva rígida, tu paso
proseguirás mientras los hombres duren,
imperturbable, imaginario, eterno.

"RITTER, TOD, UND TEUFEL" (II)

Our ways are two. His—the man of steel
and pride, who rides unshaken in his faith
through the world's dubious forest, between the Devil's
scorn and Death's immobile dance; and mine—
different, shorter. In what forgotten night
or morning now long dead did my eyes first see
Dürer's lasting dream, this strange epic—
the hero with his thronging shades—seeking
me out, lying in wait, uncovering me?
It's me and not the Knight that the old, white-
faced man, head crowned with writhing snakes, exhorts.
The hourglass, grain by grain, measures my time,
not his eternal present. I will turn
to ash and void. I, who started out
long after you, will reach my mortal end,
while you, who's never been, Knight of bared sword
and leafless wood, will go your way as long
as men endure—aloof, unreal, eternal.

BUENOS AIRES

¿Qué será Buenos Aires?

Es la Plaza de Mayo a la que volvieron, después de haber guerreado en el continente, hombres cansados y felices.

Es el creciente laberinto de luces que divisamos desde el avión y bajo el cual están la azotea, la vereda, el último patio, las cosas quietas.

Es el paredón de la Recoleta contra el cual murió, ejecutado, uno de mis mayores.

Es un gran árbol de la calle Junín que, sin saberlo, nos depara sombra y frescura.

Es una larga calle de casas bajas, que pierde y transfigura el poniente.

Es la Dársena Sur de la que zarpaban el Saturno y el Cosmos.

Es la vereda de Quintana en la que mi padre, que había estado ciego, lloró, porque veía las antiguas estrellas.

Es una puerta numerada, detrás de la cual, en la oscuridad, pasé diez días y diez noches, inmóvil, días y noches que son en la memoria un instante.

Es el jinete de pesado metal que proyecta desde lo alto su serie cíclica de sombras.

Es el mismo jinete bajo la lluvia.

Es una esquina de la calle Perú, en la que Julio César Dabove nos dijo que el peor pecado que puede cometer un hombre es engendrar un hijo y sentenciarlo a esta vida espantosa.

Es Elvira de Alvear, escribiendo en cuidadosos cuadernos una larga novela, que al principio estaba hecha de palabras y al fin de vagos rasgos indescifrables.

Es la mano de Norah, trazando el rostro de una amiga que es también el de un ángel.

BUENOS AIRES

What is Buenos Aires to me?

It's the Plaza de Mayo, to which tired and happy men came home after having fought all over the continent.

It's the growing maze of lights we glimpse from a returning plane, below us the flat roofs, the sidewalks, the innermost patios—these quiet things.

It's the wall of the Recoleta, against which one of my ancestors was executed.

It's that great tree at the head of Junín Street which, all unknowing, gives us coolness and shade.

It's a long street of low houses, lost and transfigured by the sunsets.

It's the South Docks, from which the *Saturno* and the *Cosmos* once sailed to Uruguay.

It's the sidewalk on Quintana Street where my father, who had been blind, cried when he saw the ancient stars again.

It's a numbered door behind which I lay rigid, in utter darkness, for ten days and ten nights—days and nights that in memory are a single moment.

It's the rider cast in heavy metal, throwing its rhythmic pattern of shadows from on high.

It is the same rider under the rain.

It's a certain corner on Peru Street, where Julio César Dabove told us that the worst sin a man can commit is to father a son and sentence him to this unbearable life.

It's Elvira de Alvear, writing a long novel in painstaking notebooks—at the beginning it was made of words and at the end of meaningless scrawls.

It's Norah's hand, drawing the face of a friend that is also the face of an angel.

Es una espada que ha servido en las guerras y que es
menos un arma que una memoria.

Es una divisa descolorida o un daguerrotipo gastado,
cosas que son del tiempo.

Es el día en que dejamos a una mujer y el día en que
una mujer nos dejó.

Es aquel arco de la calle Bolívar desde el cual se divisa
la Biblioteca.

Es la habitación de la Biblioteca, en la que descubrimos,
hacia 1957, la lengua de los ásperos sajones, la
lengua del coraje y de la tristeza.

Es la pieza contigua, en la que murió Paul Groussac.

Es el último espejo que repitió la cara de mi padre.

Es la cara de Cristo que vi en el polvo, deshecha a
martillazos, en una de las naves de la Piedad.

Es una alta casa del Sur en la que mi mujer y yo tra-
ducimos a Whitman, cuyo gran eco ojalá reverbere
en esta página.

Es Lugones, mirando por la ventanilla del tren las
formas que se pierden y pensando que ya no lo
abruma el deber de traducirlas para siempre en
palabras, porque este viaje será el último.

Es, en la deshabitada noche, cierta esquina del Once en
la que Macedonio Fernández, que ha muerto, sigue
explicándome que la muerte es una falacia.

No quiero proseguir; estas cosas son demasiado indi-
viduales, son demasiado lo que son, para ser también
Buenos Aires.

Buenos Aires es la otra calle, la que no pisé nunca, es
el centro secreto de las manzanas, los patios últimos,
es lo que las fachadas ocultan, es mi enemigo, si lo
tengo, es la persona a quien le desagradan mis versos
(a mí me desagradan también), es la modesta librería
en que acaso entramos y que hemos olvidado, es
esa racha de milonga silbada que no reconocemos y

It's a sword that once served in old wars and is now less
a weapon than a memory.
It's a discolored political ribbon or faded daguerreotype
—things that belong to time.
It's the day we left a woman and the day a woman left us.
It's that archway on Bolívar Street from which the Na-
tional Library can be glimpsed.
It is that room in the Library where, around 1957, we
discovered the tongue of the harsh Saxons—the
tongue of courage and sadness.
It is the next room, in which Paul Groussac died.
It's the last mirror to have reflected my father's face.
It's the face of Christ I saw in the rubble, smashed to
pieces by hammer blows, in one of the naves of La
Piedad.
It's a tall house on the Southside, where my wife helps
me translate Whitman (his great voice, I hope,
echoes on this page).
It's Leopoldo Lugones by a train window, looking at the
shapes that fly past and thinking he no longer has to
put them into words, for this will be his last trip.
It is, in the uninhabited night, a corner of the Once
where Macedonio Fernández, who is dead, keeps ex-
plaining to me that death is a fallacy.
I go no further—these things are too individual, too
much what they are, also to be Buenos Aires.
Buenos Aires is the next street, the one I've never
walked; it's the secret heart of its city blocks, its
deepest patios; it's what house fronts are hiding; it's
my enemy, if I have one; it's the person who does
not like my poems (I too dislike them); it's that
shabby bookshop we may once have entered and
now have forgotten; it's a snatch of whistled *milonga*
that we cannot place and that moves us; it is all
that's been lost and all that's to come; it is what lies

que nos toca, es lo que se ha perdido y lo que será, es lo ulterior, lo ajeno, lo lateral, el barrio que no es tuyo ni mío, lo que ignoramos y queremos.

beyond, what belongs to others, what is around the corner—the neighborhood which is neither yours nor mine, the things we do not understand yet love.

3 Desdichado el pobre en espíritu, porque bajo la tierra será lo que ahora es en la tierra.

4 Desdichado el que llora, porque ya tiene el hábito miserable del llanto.

5 Dichosos los que saben que el sufrimiento no es una corona de gloria.

6 No basta ser el último para ser alguna vez el primero.

7 Feliz el que no insiste en tener razón, porque nadie la tiene o todos la tienen.

8 Feliz el que perdona a los otros y el que se perdona a sí mismo.

9 Bienaventurados los mansos, porque no condescienden a la discordia.

10 Bienaventurados los que no tienen hambre de justicia, porque saben que nuestra suerte, adversa o piadosa, es obra del azar, que es inescrutable.

11 Bienaventurados los misericordiosos, porque su dicha está en el ejercicio de la misericordia y no en la esperanza de un premio.

12 Bienaventurados los de limpio corazón, porque ven a Dios.

13 Bienaventurados los que padecen persecución por causa de la justicia, porque les importa más la justicia que su destino humano.

14 Nadie es la sal de la tierra; nadie, en algún momento de su vida, no lo es.

15 Que la luz de una lámpara se encienda, aunque ningún hombre la vea. Dios la verá.

16 No hay mandamiento que no pueda ser infringido, y también los que digo y los que los profetas dijeron.

17 El que matare por la causa de la justicia, o por la causa que él cree justa, no tiene culpa.

3 Wretched are the poor in spirit: for what they were on earth, so shall they be in their graves.

4 Wretched are they that mourn: for theirs is the cowardly habit of tears.

5 Blessed are they which wear not their suffering as a crown of glory.

6 It availeth not to be the last so as one day to be the first.

7 Blessed is he who insisteth not in being in the right: for no man is wholly in the right.

8 Blessed is he who forgiveth others, and he who forgiveth himself.

9 Blessed are the meek: for they stoop not to the conflict.

10 Blessed are they which hunger not after righteousness: for they see that our lot, whether kindly or cruel, is an act of chance and unknowable.

11 Blessed are the merciful: for their happiness is in showing mercy, not in obtaining reward.

12 Blessed are the pure in heart: for they already see God.

13 Blessed are they which are persecuted for righteousness' sake: for righteousness counteth more to them than they themselves.

14 No man is the salt of the earth: but no man in some moment of his life hath not been the salt of the earth.

15 Let a candle be lighted, though no man see it. God will see it.

16 There is no commandment which may not be broken: neither those I say unto you, nor those laid down by the prophets.

17 Whosoever shall kill for righteousness' sake, or for the sake of what he believeth righteous, he shall bear no guilt.

18 Los actos de los hombres no merecen ni el fuego ni los cielos.

19 No odies a tu enemigo, porque si lo haces, eres de algún modo su esclavo. Tu odio nunca será mejor que tu paz.

20 Si te ofendiere tu mano derecha, perdónala; eres tu cuerpo y eres tu alma y es arduo, o imposible, fijar la frontera que los divide . . .

24 No exageres el culto de la verdad; no hay hombre que al cabo de un día no haya mentido con razón muchas veces.

25 No jures, porque todo juramento es un énfasis.

26 Resiste al mal, pero sin asombro y sin ira. A quien te hiriere en la mejilla derecha, puedes volverle la otra, siempre que no te mueva el temor.

27 Yo no hablo de venganzas ni de perdones; el olvido es la única venganza y el único perdón.

28 Hacer el bien a tu enemigo puede ser obra de justicia y no es arduo; amarlo, tarea de ángeles y no de hombres.

29 Hacer el bien a tu enemigo es el mejor modo de complacer tu vanidad.

30 No acumules oro en la tierra, porque el oro es padre del ocio, y éste, de la tristeza y del tedio.

31 Piensa que los otros son justos o lo serán, y si no es así, no es tuyo el error.

32 Dios es más generoso que los hombres y los medirá con otra medida.

33 Da lo santo a los perros, echa tus perlas a los puercos; lo que importa es dar.

34 Busca por el agrado de buscar, no por el de encontrar . . .

18 The deeds of men are worthy neither of heaven nor hell.

19 Hate not thine enemy: for if thou cursest him, thou art in some measure his slave: for thy hatred shall never comfort thee as thy peace.

20 And if thy right hand offend thee, forgive it: for thou art thy whole body and thy whole soul, and it is not profitable for thee to divide them. . . .

24 Thou shalt not magnify the worship of truth: for at the day's end there is no man who hath not lied many times with good reason.

25 Neither shalt thou swear, because an oath may be no more than an emphasis.

26 Resist evil: but without either wonder or wrath. Whosoever shall smite thee on thy right cheek, turn to him the other also, so long as thou be not moved by fear.

27 I speak neither of avenging nor forgiving: for the only vengeance and the only forgiveness is forgetting.

28 To bless thine enemy may be righteous and is not difficult: but to love him is a task for angels, not for men.

29 To bless thine enemy is a good way to satisfy thy vanity.

30 Lay not up for thyself treasures upon earth: for treasure is the father of idleness, and idleness of boredom and woe.

31 Look on others as righteous, or as capable of righteousness: for if they are not, the fault is not thine.

32 God is more generous than men, and he will measure them by another measure.

33 Give that which is holy unto the dogs, cast thy pearls before swine: for the thing that mattereth is giving.

34 Seek for the pleasure of seeking, and not for the pleasure of finding. . . .

39 La puerta es la que elige, no el hombre.

40 No juzgues al árbol por sus frutos ni al hombre por sus obras; pueden ser peores o mejores.

41 Nada se edifica sobre la piedra, todo sobre la arena, pero nuestro deber es edificar como si fuera piedra la arena . . .

47 Feliz el pobre sin amargura o el rico sin soberbia.

48 Felices los valientes, los que aceptan con ánimo parejo la derrota o las palmas.

49 Felices los que guardan en la memoria palabras de Virgilio o de Cristo, porque éstas darán luz a sus días.

50 Felices los amados y los amantes y los que pueden prescindir del amor.

51 Felices los felices.

39 It is the gate that chooseth, and not the man.

40 Judge not the tree by its fruits, nor the man by his works: for the tree and the man may be better or worse.

41 Nothing is built upon rock: for all is built upon sand: but let each man build as if sand were rock. . . .

47 Happy is the poor man without bitterness, and the rich man without arrogance.

48 Happy are the valiant, who in one and the same spirit accept laurel or ash.

49 Happy are they that keep in their memory the words of Virgil or Christ: for these words shall shed light on men's days.

50 Happy are the lovers and the loved, and they that can do without love.

51 Happy are the happy.

LEYENDA

Abel y Caín se encontraron después de la muerte de Abel. Caminaban por el desierto y se reconocieron desde lejos, porque los dos eran muy altos. Los hermanos se sentaron en la tierra, hicieron un fuego y comieron. Guardaban silencio, a la manera de la gente cansada cuando declina el día. En el cielo asomaba alguna estrella, que aún no había recibido su nombre. A la luz de las llamas, Caín advirtió en la frente de Abel la marca de la piedra y dejó caer el pan que estaba por llevarse a la boca y pidió que le fuera perdonado su crimen.

Abel contestó:

—¿Tú me has matado o yo te he matado? Ya no recuerdo; aquí estamos juntos como antes.

—Ahora sé que en verdad me has perdonado—dijo Caín—, porque olvidar es perdonar. Yo trataré también de olvidar.

Abel dijo despacio:

—Así es. Mientras dura el remordimiento, dura la culpa.

LEGEND

Abel and Cain met again after Abel's death. They were walking in the desert and knew each other from a distance, for both men were very tall. The brothers sat on the ground, made a fire, and ate. For a while, they were untalkative, the way tired men can be after a long day's work. In the sky, some still unnamed star appeared. By the firelight, Cain made out the mark of the stone on Abel's forehead, dropped the food he was about to put into his mouth, and asked to be forgiven for his crime.

"I no longer remember—did you kill me or was it I who killed you?" Abel answered. "Here we are together again, just as we used to be."

"Now I know for sure you've forgiven me," said Cain, "because to forget is to have forgiven. I'll try my best to forget, too."

"Yes," said Abel, speaking slowly, "you're right. As long as there's remorse, there's guilt."

UNA ORACIÓN

Mi boca ha pronunciado y pronunciará, miles de veces y en los dos idiomas que me son íntimos, el padre nuestro, pero sólo en parte lo entiendo. Esta mañana, la del día primero de julio de 1969, quiero intentar una oración que sea personal, no heredada. Sé que se trata de una empresa que exige una sinceridad casi sobrehumana. Es evidente, en primer término, que me está vedado pedir. Pedir que no anochezcan mis ojos sería una locura; sé de millares de personas que ven y que no son particularmente felices, justas o sabias. El proceso del tiempo es una trama de efectos y de causas, de suerte que pedir cualquier merced, por ínfima que sea, es pedir que se rompa un eslabón de esa trama de hierro, es pedir que ya se haya roto. Nadie merece tal milagro. No puedo suplicar que mis errores me sean perdonados; el perdón es un acto ajeno y sólo yo puedo salvarme. El perdón purifica al ofendido, no al ofensor, a quien casi no le concierne. La libertad de mi albedrío es tal vez ilusoria, pero puedo dar o soñar que doy. Puedo dar el coraje, que no tengo; puedo dar la esperanza, que no está en mí; puedo enseñar la voluntad de aprender lo que sé apenas o entreveo. Quiero ser recordado menos como poeta que como amigo; que alguien repita una cadencia de Dunbar o de Frost o del hombre que vio en la medianoche el árbol que sangra, la Cruz, y piense que por primera vez la oyó de mis labios. Lo demás no me importa; espero que el olvido no se demore. Desconocemos los designios del universo, pero sabemos que razonar con lucidez y obrar con justicia es ayudar a esos designios, que no nos serán revelados.

Quiero morir del todo; quiero morir con este compañero, mi cuerpo.

A PRAYER

Thousands of times, and in the two languages that are close to me, my lips have said and will go on saying the Lord's Prayer, but only in part do I understand it. This morning, the first day of July, 1969, I want to attempt a prayer that will be my own, not handed down. I know this is an undertaking that demands an almost super-human sincerity. It is obvious, to begin with, that I may not ask for anything. To ask that darkness not wholly descend on my eyes would be senseless; I know thousands of persons who see and yet are not especially happy, righteous, or wise. The process of time is a network of effects and causes, so that to ask for any gift, however small, is to ask that a link in that iron network be broken. Nobody is worthy of such a miracle. Nor can I beg forgiveness for my mistakes. Forgiving is what someone else does, and only I can save myself; forgiving makes pure the one who has been offended, not the offender, whom it hardly concerns. Free will is perhaps an illusion, but I can always give or dream that I am giving. I can give the courage I lack, the hope I lack; I can teach others the will to learn what I barely know, or only half know. I want to be remembered less as a poet than as a friend; let someone recall a verse of Frost or of Dunbar or of the nameless Saxon who at midnight saw the shining tree that bleeds, the Cross, and let him think he heard it for the first time from my lips. The rest is of little importance; I hope oblivion will not be long in coming. The laws of the universe are unknown to us, but we are somehow sure that to reason clearly and to act righteously is to help those laws, which will never be revealed to us.

My wish is to die wholly; my wish is to die with this companion, my body.

Cumplida la agonía, ya solo, ya solo y desgarrado y rechazado, se hundió en el sueño. Cuando se despertó, lo aguardaban los hábitos cotidianos y los lugares; se dijo que no debía pensar demasiado en la noche anterior y, alentado por esa voluntad, se vistió sin apuro. En la oficina, cumplió pasablemente con sus deberes, si bien con esa incómoda impresión de repetir algo ya hecho, que nos da la fatiga. Le pareció notar que los otros desviaban la mirada; acaso ya sabían que estaba muerto. Esa noche empezaron las pesadillas; no le dejaban el menor recuerdo, sólo el temor de que volvieran. A la larga el temor prevaleció; se interponía entre él y la página que debía escribir o el libro que trataba de leer. Las letras hormigueaban y pululaban; los rostros, los rostros familiares, iban borrándose; las cosas y los hombres fueron dejándolo. Su mente se aferró a esas formas cambiantes, como en un frenesí de tenacidad.

Por raro que parezca, nunca sospechó la verdad; ésta lo iluminó de golpe. Comprendió que no podía recordar las formas, los sonidos y los colores de los sueños; no había formas, colores ni sonidos, y no eran sueños. Eran su realidad, una realidad más allá del silencio y de la visión y, por consiguiente, de la memoria. Esto lo consternó más que el hecho de que a partir de la hora de su muerte, había estado luchando en un remolino de insensatas imágenes. Las voces que había oído eran ecos; los rostros, máscaras; los dedos de su mano eran sombras, vagas e insustanciales sin duda, pero también queridas y conocidas.

De algún modo sintió que su deber era dejar atrás esas cosas; ahora pertenecía a este nuevo mundo, ajeno de pasado, de presente y de porvenir. Poco a poco este

HIS END AND HIS BEGINNING

After death, after the wrench and the stark loneliness, he dropped into a deep sleep. When he woke up, every-day habits and places came back to him. Telling himself he must keep his mind off what had happened the night before (and comforted by this decision), he slowly dressed. At the office he went about his work as well as he could, though with that uneasy feeling, usually brought on by fatigue, of repeating something he had done before. He had a suspicion that others were avoid-ing him, that maybe they knew he was dead. That night his terrible dreams began and, though he never remem-bered a trace of them, he feared their return. In time this fear prevailed, coming between him and the page he was writing or the book he was trying to read. Letters swarmed and throbbed, faces—familiar faces—began to blur, and men and objects kept drifting away from him. In a frenzy of tenacity, his mind clung to these shifting shapes.

Strangely enough, he never suspected the truth, but all at once it struck him. He realized that he was unable to recall the shapes or sounds or colors of his dreams—that there were no shapes or sounds or colors—and that they were not dreams. They were his reality, a reality beyond silence or sight and so, beyond memory. This troubled him far more than the fact that after his death he had been struggling against a current of meaningless images. The voices he had heard were no more than echoes; the faces he had seen, masks. Even the fingers of his own hand were shadows; but however dim and unreal, they were familiar, they were something to cling to.

Still, he somehow felt it his duty to be rid of every-

mundo lo circundó. Padeció muchas agonías, atravesó regiones de desesperación y de soledad. Esas peregrinaciones eran atroces porque trascendían todas sus anteriores percepciones, memorias y esperanzas. Todo el horror yacía en su novedad y esplendor. Había merecido la gracia, desde su muerte había estado siempre en el cielo.

thing. He belonged to another world now, detached from past, present, or future. Gradually, this world came to enclose him. He suffered agony upon agony, he passed through regions of despair and loneliness—wanderings that he found cruel, frightening, because they went beyond all his former perceptions, memories, and hopes. The horror lay in their utter newness and splendor. He had attained grace; from the moment of death he had been in heaven.

UN LECTOR

Que otros se jacten de las páginas que han escrito;
a mí me enorgullecen las que he leído.
No habré sido un filólogo,
no habré inquirido las declinaciones, los modos,
    la laboriosa mutación de las letras,
la *de* que se endurece en *te,*
la equivalencia de la *ge* y de la *ka,*
pero a lo largo de mis años he profesado
la pasión del lenguaje.
Mis noches están llenas de Virgilio;
haber sabido y haber olvidado el latín
es una posesión, porque el olvido
es una de las formas de la memoria, su vago sótano,
la otra cara secreta de la moneda.
Cuando en mis ojos se borraron
las vanas apariencias queridas,
los rostros y la página,
me di al estudio del lenguaje de hierro
que usaron mis mayores para cantar
soledades y espadas,
y ahora, a través de siete siglos,
desde la Ultima Thule,
tu voz me llega, Snorri Sturluson.
El joven, ante el libro, se impone una disciplina precisa
y lo hace en pos de un conocimiento preciso;
a mis años, toda empresa es una aventura
que linda con la noche.
No acabaré de descifrar las antiguas lenguas del Norte,
no hundiré las manos ansiosas en el oro de Sigurd;
la tarea que emprendo es ilimitada

A READER

Let others boast of pages they have written,
I take pride in those I've read.
I may not have been a philologist,
or gone deeply into declensions or moods or those
    slow shifts of letter sounds—
the *d* that hardens into *t*.
the kinship of the *g* and *k*—
but through the years I have professed
a passion for language.
My nights are filled with Virgil.
Having known Latin and forgotten it
remains a possession; forgetting
is memory's dim cellar, one of its forms,
the other secret face of the coin.
While vain and loved appearances,
faces and pages
were fading in my eyes,
I lost myself studying the iron tongue
once used by my forebears to set down
loneliness and swords;
and now, after seven hundred years,
from Ultima Thule,
your voice comes to me, Snorri Sturluson.
A young man, sitting down to read, takes on himself
    an exact discipline,
bookworming his way to exact knowledge;
at my age, whatever I take on is an adventure
bordering on the night.
I'll never master the North's old tongues,
never sink greedy hands into Sigurd's gold.
The task I undertake is endless

y ha de acompañarme hasta el fin,
no menos misteriosa que el universo
y que yo, el aprendiz.

and throughout my days will be a companion,
mysterious as the universe,
mysterious as myself, the learner.

ELOGIO DE LA SOMBRA

La vejez (tal es el nombre que los otros le dan)
puede ser el tiempo de nuestra dicha.
El animal ha muerto o casi ha muerto.
Quedan el hombre y su alma.
Vivo entre formas luminosas y vagas
que no son aún la tiniebla.
Buenos Aires,
que antes se desgarraba en arrabales
hacia la llanura incesante,
ha vuelto a ser la Recoleta, el Retiro,
las borrosas calles del Once
y las precarias casas viejas
que aún llamamos el Sur.
Siempre en mi vida fueron demasiadas las cosas;
Demócrito de Abdera se arrancó los ojos para pensar;
el tiempo ha sido mi Demócrito.
Esta penumbra es lenta y no duele;
fluye por un manso declive
y se parece a la eternidad.
Mis amigos no tienen cara,
las mujeres son lo que fueron hace ya tantos años,
las esquinas pueden ser otras,
no hay letras en las páginas de los libros.
Todo esto debería atemorizarme,
pero es una dulzura, un regreso.
De las generaciones de los textos que hay en la tierra
sólo habré leído unos pocos,
los que sigo leyendo en la memoria,
leyendo y transformando.
Del Sur, del Este, del Oeste, del Norte,
convergen los caminos que me han traído
a mi secreto centro.

IN PRAISE OF DARKNESS

Old age (this is the name that others give it)
may prove a time of happiness.
The animal is dead or nearly dead;
man and soul go on.
I live among vague whitish shapes
that are not darkness yet.
Buenos Aires,
which once broke up in a tatter of slums and open lots
out toward the endless plain,
is now again the graveyard of the Recoleta,
  the Retiro square,
the shabby streets of the old Westside,
and the few vanishing decrepit houses
that we still call the South.
All through my life things were too many.
To think, Democritus tore out his eyes;
time has been my Democritus.
This growing dark is slow and brings no pain;
it flows along an easy slope
and is akin to eternity.
My friends are faceless,
women are as they were years back,
one street corner is taken for another,
on the pages of books there are no letters.
All this should make me uneasy,
but there's a restfulness about it, a going back.
Of the many generations of books on earth
I have read only a few,
the few that in my mind I go on reading still—
reading and changing.
From south and east and west and north,
roads coming together have led me
to my secret center.

Esos caminos fueron ecos y pasos,
mujeres, hombres, agonías, resurrecciones,
días y noches,
entresueños y sueños,
cada ínfimo instante del ayer
y de los ayeres del mundo,
la firme espada del danés y la luna del persa,
los actos de los muertos,
el compartido amor, las palabras,
Emerson y la nieve y tantas cosas.
Ahora puedo olvidarlas. Llego a mi centro,
a mi álgebra y mi clave,
a mi espejo.
Pronto sabré quién soy.

These roads were footsteps and echoes,
women, men, agonies, rebirths,
days and nights,
falling asleep and dreams,
each single moment of my yesterdays
and of the world's yesterdays,
the firm sword of the Dane and the moon
　　of the Persians,
the deeds of the dead,
shared love, words,
Emerson, and snow, and so many things.
Now I can forget them. I reach my center,
my algebra and my key,
my mirror.
Soon I shall know who I am.

APPENDIX

NOTE ON THE TEXT

NOTE ON THE TRANSLATION

BIBLIOGRAPHICAL NOTE

APPENDIX

Sin proponérmelo al principio, he consagrado mi ya larga vida a las letras, a la cátedra, al ocio, a las tranquilas aventuras del diálogo, a la filología, que ignoro, al misterioso hábito de Buenos Aires y a las perplejidades que no sin alguna soberbia se llaman metafísica. Tampoco le ha faltado a mi vida la amistad de unos pocos, que es la que importa. Creo no tener un solo enemigo o, si los hubo, nunca me lo hicieron saber. La verdad es que nadie puede herirnos, salvo la gente que queremos. Ahora, a los setenta años de mi edad (la frase es de Whitman), doy a la prensa este quinto libro de versos.

Carlos Frías me ha sugerido que aproveche su prólogo para una declaración de mi estética. Mi pobreza, mi voluntad, se oponen a ese consejo. No soy poseedor de una estética. El tiempo me ha enseñado algunas astucias: eludir los sinónimos, que tienen la desventaja de sugerir diferencias imaginarias; eludir hispanismos, argentinismos, arcaísmos y neologismos; preferir las palabras habituales a las palabras asombrosas; intercalar en un relato rasgos circunstanciales, exigidos ahora por el lector; simular pequeñas incertidumbres, ya que si la realidad es precisa la memoria no lo es; narrar los hechos (esto lo aprendí en Kipling y en las sagas de Islandia) como si no los entendiera del todo; recordar que las normas anteriores no son obligaciones y que el tiempo se encargará de abolirlas. Tales astucias o hábitos no configuran ciertamente una estética. Por lo demás, descreo de las estéticas. En general no pasan de ser abstracciones inútiles; varían para cada escritor y aún para cada texto y no pueden ser otra cosa que estímulos o instrumentos ocasionales.

Éste, escribí, es mi quinto libro de versos. Es razonable presumir que no será mejor o peor que los otros. A los espejos, laberintos y espadas que ya prevé mi resignado lector se han agregado dos temas nuevos: la vejez y la ética.

Ésta, según se sabe, nunca dejó de preocupar a cierto amigo muy querido que la literatura me ha dado, a Robert Louis Stevenson. Una de las virtudes por las cuales prefiero las naciones protestantes a las de tradición católica es su cuidado de la ética. Milton quería educar a los niños de su academia en el conocimiento de la física, de las matemáticas, de la astronomía y de las ciencias naturales; el doctor Johnson observaría al promediar el siglo XVIII: "La prudencia y la justicia son preeminencias y virtudes que corresponden a todas las épocas y a todos los lugares; somos perpetuamente moralistas y sólo a veces geómetras."

En estas páginas conviven, creo que sin discordia, las formas de la prosa y del verso. Podría invocar antecedentes ilustres— el *De consolatione* de Boecio, los cuentos de Chaucer, el Libro de las Mil y Una Noches; prefiero declarar que esas divergencias me parecen accidentales y que desearía que este libro fuera leído como un libro de versos. Un volumen, en sí, no es un hecho estético, es un objeto físico entre otros; el hecho estético sólo puede ocurrir cuando lo escriben o lo leen. Es común afirmar que el verso libre no es otra cosa que un simulacro tipográfico; pienso que en esa afirmación acecha un error. Más allá de su ritmo, la forma tipográfica del versículo sirve para anunciar al lector que la emoción poética, no la información o el razonamiento, es lo que está esperándolo. Yo anhelé alguna vez la vasta respiración de los psalmos[1] o de Walt Whitman; al cabo de los años compruebo, no sin melancolía, que me he limitado a alternar algunos metros clásicos: el alejandrino, el endecasílabo; el eptasílabo.

En alguna milonga he intentado imitar, respetuosamente, el florido coraje de Ascasubi y de las coplas de los barrios.

La poesía no es menos misteriosa que los otros elementos del orbe. Tal o cual verso afortunado no puede envanecernos,

[1] Deliberadamente escribo *psalmos*. Los individuos de la Real Academia Española quieren imponer a este continente sus incapacidades fonéticas; nos aconsejan el empleo de formas rústicas: *neuma, sicología, síquico*. Últimamente se les ha ocurrido escribir *vikingo* por *viking*. Sospecho que muy pronto oiremos hablar de la obra de Kiplingo.

porque es don del Azar o del Espíritu; sólo los errores son nuestros. Espero que el lector descubra en mis páginas algo que pueda merecer su memoria; en este mundo la belleza es común.

J. L. B.

Buenos Aires, 24 de junio de 1969

NOTE ON THE TEXT

The poems and prose pieces in this book were written from 1967 to 1969. With only a few exceptions they follow in composition the nine new poems added to the author's *Obra poética 1923–1967*. "Episodio del enemigo," as a prose work, was not included in the collected poems. "Laberinto" was misplaced in manuscript and so did not find its way—as its companion "El laberinto" did—into the 1967 collection; since the poems had been written as a pair, and wanting to show them in their proper relationship, Borges chose to reprint "El laberinto" in *Elogio de la sombra*. "Ricardo Güiraldes" may have been completed before 1967; Borges has told me that the poem was lost in manuscript and that it turned up among his papers too late for inclusion in any edition of the collected poems.

The present text is based on the Emecé second impression of November, 1969, which differs from the first impression in that it contains added matter in at least two poems. The Emecé pocket edition in the "Colección Piragua," published in December, 1969, is textually identical to the November, 1969, printing; although there was no previous second edition, this pocket format is marked "third edition."

Departures from the Emecé text are as follows:

All verse lines are here uniformly begun in lower-case letters (where proper nouns and the beginnings of sentences do not dictate otherwise). This has been carried out in the interests of typographical harmony, and it affects thirteen poems. Borges' practice in this matter is consistently haphazard. "El laberinto" is printed with caps in the *Obra poética 1923–1967* and without caps in both the *Nueva antología personal* and *Elogio de la sombra*. Having proofread several of the author's books for him, I believe I have gotten to the threefold root of the chaos: (1) typescripts of Borges' books are usually prepared for him from printed copies of his work as it has appeared in various periodicals,

135

each of which follows its own rules of style; (2) resulting discrepancies are overlooked by the book publisher (almost no editing of manuscripts is done by Latin-American publishing houses); and (3) when these discrepancies are pointed out to him in proof (as in the case of *Elogio de la sombra*, whose proof sheets I read), fearing fresh printers' errors and possible delay in publication, Borges is somewhat reluctant to set matters right.

Juan, I, 14. A comma has been deleted at the end of line 7. The break after line 9, discussed with the author some months after *Elogio de la sombra* appeared, has been introduced with Borges' approval.

Elsa. In line 6, a comma has been deleted after the word "amor".

Episodio del enemigo. The text is from the *Nueva antología personal.* I have corrected two typographical errors by putting in the commas in the phrases "—le dije—," (third paragraph) and "—me replicó,—" (ninth paragraph). The absent-minded omission of this tale from *Elogio de la sombra* was discovered too late to include it in the Emecé edition. Borges instructed me to rectify this by inserting the piece in the present edition directly after "The Unending Gift."

Rubáiyát. In line 24, the first word has been made plural, correcting a proofreading error.

Pedro Salvadores. A comma has been added after the word "sombra" in the third paragraph, fourth sentence.

Los gauchos. The word "capataces," has been restored in the fifth paragraph. Early in November, 1969, Borges asked me to see that the phrase "hombres de la partida policial," was added to this same paragraph for the book's next printing. When that printing appeared later in the month the new words were there; "capataces," however, had erroneously disappeared.

Milonga de Manuel Flores. The poem is here printed correctly and completely in book form for the first time. Hugo Santiago, for whose film *Invasión* the *milonga* was written, pointed out to Borges that the text of the Emecé edition was, in fact, an incomplete early draft. Borges there-

upon provided a finished version, which was submitted to his publishers for inclusion in a second edition of his *milonga* collection *Para las seis cuerdas*. When that collection appeared, the correct text had not been used. This corrected text provides the whole of the present second stanza; it also changes a semicolon to a period at the end of the second line of the present third stanza; and in the present fifth stanza it changes the earlier "mis manos," to "mi mano," in line 1 and "las manos" to "la mano" in line 2. Borges apparently tried once again to get a correct text into print when he reissued the poem in his latest verse collection, *El oro de los tigres*. While the revisions in the third and fifth stanzas appear there, the second stanza has still been left out and the sequence of two other stanzas has been altered.

Fragmentos de un evangelio apócrifo. In versicle 24, a comma has been deleted after the word "día".

Leyenda. The comma has been added in the last sentence.

Elogio de la sombra. Upon Borges' instruction, line 4 has been revised; in the Emecé text it reads, "Quedan el hombre y el alma." The line made its first appearance, by the way, in the book's second printing.

Authority for the deletion or addition of commas in "Juan, I, 14," "Elsa," "Pedro Salvadores," "Fragmentos de un evangelio apócrifo," and "Leyenda" is my own; the absence or presence of punctuation in these cases was no doubt due to oversights of mine or Borges' or both of us when checking final proof in July or August of 1969. In any case, my aim has been to bring these matters into conformity with Borges' general usage. I have not altered the author's idiosyncratic omission of a question mark at the opening of line 37 and another at the close of line 43 in "Invocación a Joyce." Note, however, the presence of these marks in an identical construction in "Israel, 1969," lines 9 and 13. It should be pointed out that Borges finds the Spanish inverted punctuation marks uncouth.

N. T. di G.

NOTE ON THE TRANSLATION

The preface and six prose pieces were translated in collaboration with the author.

The poems were worked out in close consultation. Literal drafts of each piece were gone over together, word for word with the original, and all but a few finished drafts were read to Borges for final approval.

The work was begun in 1968, even before the author knew he was writing a new book. (When *Elogio de la sombra* appeared a year later, it was the first book Borges had written without a collaborator since 1960.) In good part, the translations were made soon after composition, so that the remark that Borges and I made in the preface to *Doctor Brodie's Report* about working "under the spell of the originals" is equally true of this book. In both books, as a matter of fact, Spanish texts were here and there modified as a result of the kind of reading demanded by the act of translation.

In the prose of this volume (and occasionally in the poems), the reader should not expect parallel texts, for our expressed aim all along has been to produce versions which read as though they were written in English. "The Anthropologist" is a case in point. The translation, seeking to improve a number of circumstantial details, is in places a deliberate rewriting of the original. Borges intended us later to alter the Spanish text—in effect, to translate the new English parts back into Spanish—but we never got around to it. It is just as well. Now the reader gets two texts, different but equally authoritative.

Translations made with the author, particularly an author with a literary command of the language into which he is being translated, require new ways of reading a bilingual text.

Elsa. The poem was not written, as the Spanish suggests, in Cambridge during 1967. In the translation this information is given below the title. The lines, which are about

Cambridge experiences of 1967, were composed in Buenos Aires two years later.

His End and His Beginning. This was first written in English with the help of John Murchison. For *Elogio de la sombra*, Borges freely translated the English draft into Spanish. The present version is something of a hybrid, deriving from both the Spanish and the primitive English versions.

N. T. di G.

BIBLIOGRAPHICAL NOTE

The first newspaper or magazine appearances of the pieces in this volume are as follows (place of publication, throughout, unless otherwise indicated, is Buenos Aires):

"A Israel," *Davar* (January–February–March 1967).

"El laberinto," *La Nación* (June 11, 1967).

"Israel," *Davar* (July–August–September 1967 [issued after November 15, 1967]).

"Rubáiyát," *La Nación* (August 13, 1967).

"New England, 1967," *La Nación* (December 3, 1967).

"James Joyce," *La Nación* (January 14, 1968).

"The Unending Gift," *La Nación* (February 11, 1968).

"Invocación a Joyce," *Davar* (July–August–September 1968).

"Heráclito," *La Nación* (July 21, 1968).

"Ritter, Tod und Teufel [II]," *Atlántida* (September 1968).

"Cambridge," *Sur* (September–October 1968).

"Junio, 1968," *La Nación* (September 1, 1968).

"Ricardo Güiraldes," *La Nación* (October 20, 1968).

"El guardián de los libros," *La Nación* (December 1, 1968).

"Mayo 20, 1928," *Sur* (January–April 1969).

"Los gauchos," *La Nación* (August 16, 1969).

"Pedro Salvadores" [in English translation], *The New York Review of Books* (New York: August 21, 1969).

"Juan, I, 14," "Elsa," "El etnógrafo," "A cierta sombra, 1940," "Acevedo," "Israel, 1969," "Buenos Aires," "Fragmentos de un evangelio apócrifo," "Leyenda," "Una oración," "His End and His Beginning," "Un lector," and "Elogio de la sombra" did not appear anywhere before their publication in book form; nor, apparently, did "Episodio del enemigo," "Laberinto," "Las cosas," "Milonga de Manuel Flores," "Milonga de Calandria," and "Ritter, Tod und Teufel [I]."

141

"El laberinto" and "Laberinto" were privately printed in *Siete poemas* (1967) by the Buenos Aires bibliophile Juan Osvaldo Viviano; the edition, bearing illustrations by Jorge Larco, was of twenty-five copies. "El laberinto" was also reprinted in *Obra poética 1923–1967* (Emecé, 1967). "Heráclito," "New England, 1967," "James Joyce," "The Unending Gift," "Episodio del enemigo," "Laberinto," and "Las cosas" were first collected in *Nueva antología personal* (Emecé, 1968). "Ritter, Tod und Teufel [I]" first appeared in *Variaciones sobre un tema de Durero* (Galerna, 1968). The twenty-seven remaining titles were collected for the first time in *Elogio de la sombra*.

Elogio de la sombra was published by Emecé Editores on August 24, 1969, the author's seventieth birthday. That date falling on a Sunday, the book was actually available to the public on August 25.

N. T. di G.